高校思想政治课堂
理论教学与实践研究

郭凤宇 李 静 著

延邊大學出版社

图书在版编目（CIP）数据

高校思想政治课堂理论教学与实践研究 / 郭凤宇，
李静著. -- 延吉 ：延边大学出版社，2022.8

ISBN 978-7-230-03770-9

Ⅰ．①高… Ⅱ．①郭… ②李… Ⅲ．①高等学校－思
想政治教育－教学研究－中国 Ⅳ．①G641

中国版本图书馆CIP数据核字(2022)第160536号

高校思想政治课堂理论教学与实践研究

著　　者：郭凤宇 李　静

责任编辑：高　红

封面设计：文　亮

出版发行：延边大学出版社

社　　址：吉林省延吉市公园路 977 号　　　　邮　编：133002

网　　址：http: //www.ydcbs.com　　　　　　E-mail：ydcbs@ydcbs.com

电　　话：0433-2732435　　　　　　　　　　传　真：0433-2732434

印　　刷：廊坊市广阳区九洲印刷厂

开　　本：787 毫米 ×1092 毫米　1/16

印　　张：9.75

字　　数：200 千字

版　　次：2022 年 8 月第 1 版

印　　次：2022 年 8 月第 1 次印刷

书　　号：ISBN 978-7-230-03770-9

定　　价：68.00 元

前　言

在国家的高度重视下，高校思想政治的教学效果显著提升，但仍存在着教材内容遗漏多、学生课堂参与度低、教师课堂教学效果差、学生活动挤占课堂教学时间多等问题，这是由教师知识结构不全、对翻转课堂运用不当、教学能力弱、对思想政治课重视程度不够造成的。面对当前的问题及其产生的原因，高校必须采取引进具有马克思主义理论学科背景的高素质教师、提高学生参与思想政治课堂教学的能力、实行优秀教师与教学效果差的教师"捆绑"的授课模式，以及充分发挥教研室的作用等措施进行改善。

教学能力是指"教师为达到教学目标或顺利从事教学活动所表现的一种心理特征"，包括一般能力和特殊能力。特殊能力是指"教师从事具体教学活动的专门能力"，如把握教材、运用教学方法的能力。部分思想政治课教师的教学效果差是其教学特殊能力弱所致，主要表现为：教师不熟悉教材，如不了解教材体系、不清楚教材章节内容、不能串联相关理论知识、把握不住授课的重难点、把握不准教材新动向、搞不清楚教学目标等。思想政治课教师运用教学方法的能力弱，主要表现在教师很少运用导入法、问题式教学法、经典阅读指导法、情境教学法、探究法等。除此之外，思想政治课教师的教学能力弱还表现在普通话不标准、语言感染力不够、声音穿透力不强、不能驾驭课堂、课件制作不精致、缺少师生互动、新媒体运用少、很少布置作业等方面。

个别教学效果差的思想政治课教师因为学生不好好听课、不配合教师教学、不积极参与课堂教学，所以对学生失去了信心。这类教师不从自身查找原因去主动改变课堂教学状况，总认为思想政治课对学生无所谓，这说明这类教师对思想政治课的重视程度还不够。很多学生认为思想政治课的内容浅显，不教自会，容易过关；一些学生认为思想政治课的一些内容与中小学学习的内容重复，因此厌倦听课，习惯把思想政治课看作与中小学阶段思想政治课一样的"小三门"之一。

高校思想政治课堂教学存在着不同程度的弱化现状，说明思想政治课堂教学还存在诸多不尽如人意的地方，同时也提醒我们必须加强思想政治课堂教学建设，建设好并用好课堂教学的主渠道、主阵地，着力增强高校学生学习思想政治课的获得感，培养能够担当民族复兴大任的时代新人。

目　录

第一章 高校思想政治教育的内涵与特征

第一节 思想政治教育的基本内涵

高校思想政治教育工作对培养政治坚定、理想远大、乐于奉献的高素质人才具有十分重要的意义。面对我国社会主义建设的新形势和新要求，高校要先把握高校思想政治教育的基本内涵和重要意义，才能推动高校思想政治教育不断发展，以适应培养现代化建设所需要的优秀人才的根本任务。研究高校思想政治教育，首先需要对其基本概念、特征有初步的了解。本节将对以上内容进行简要探讨，以使我们对其有一个基本的把握。

一、高校思想政治教育的概念

（一）思想政治教育

思想政治教育活动自有阶级社会以来就一直存在，它是人类社会实践和阶级斗争的一项重要内容。各种类型的思想政治教育的差别只是它们在政治方向、内容和方法上不同。从思想政治教育这一概念的演变过程看，政治工作、思想工作、思想政治工作、思想政治教育、政治思想工作这几个概念有着紧密的内在联系，在实际工作中，这些内容很多时候是被人们当作同一概念使用的。中国共产党诞生后，在很长一段时间里沿用各种不同的提法，但在不同时期，使用概念的重点有所不同。

学术界对思想政治教育的内涵有着不同的论断。有的观点认为，思想政治教育就是政治思想教育，是为实现人的政治社会化而进行的教育，这里把重点放在政治思想、观念和行为的培养教育上。有的观点认为，思想政治教育主要是进行思想道德教育，促进和加强人的道德修养，培养人高尚的道德品质。还有的观点认为，思想政治教育包括思想教育、政治教育、道德教育和心理教育等，内容相对宽泛。学者仓道来在《思想政治教育学》中对思想政治教育所下的定义为："思想政治教育是指一定的阶级、政治集团为实现其根本政治目的和经济利益，而对人们有意识、有目的、有计划地施加本阶级、本集团思想政治等的意识形态方面的影响的社会活动。"学者陈秉公在《思想政治教育学原理》中对思想政治教育所下的定义为："思想政治教育是一定阶级或政治集团，为了实现其政治目标和任务而进行的，以政治思想教育为核心与重点的思想、道德和心理综合教育实践。"

把握思想政治教育的内涵就要根据"思想""政治""教育"这三个核心词来分析。《现代汉语词典》中对思想的定义为："客观存在反映在人的意识中经过思维活动而产生的结果。"思想是思维活动的结果，属于理性认识，一般也称"观念"。关于政治的论述在思想政治教育的定义中比较一致。教育有别于工作。思想政治教育是思想政治工作的一个组成部分，是思想政治工作的主要内容。基于上述认识，这里采用学者陈万柏、张耀灿在《思想政治教育学原理》中对思想政治教育所下的定义："思想政治教育是指社会或社会群体用一定的思想观念、政治观点、道德规范对其成员施加有目的、有计划、有组织的影响，使他们形成符合一定社会、一定阶级所需要的思想品德的社会实践活动。"

（二）高校思想政治教育

思想政治教育是一种教育实践活动。教育是社会按照一定的需要培养合格的社会成员的实践活动。思想政治教育有广义和狭义之分，狭义的思想政治教育专指学校教育。高校思想政治教育是指高等学校按一定的社会要求，有目的、有计划、有组织地培养学生的思想品德、政治素养和心理素质，使他们进行符合一定社会要求的社会实践活动。

高等学校的根本任务是培养德智体全面发展的中国特色社会主义合格建设者和可靠接班人。高校学生的思想道德素质、科学文化素质和健康素质如何，直接关系到党和国家的前途命运，关系到中国特色社会主义事业的兴衰成败。为此，必须重视高校思想政治教育，把坚持、坚定正确的政治方向放在教学工作首位。

高校对学生的思想政治教育，通常与"德育"有很大的一致性。《中国普通高等学校德育大纲》中写道："德育即思想、政治和品德教育，它体现教育的社会性与阶级性，是学校教育的重要组成部分。它与智育、体育等相互联系，彼此渗透，密切协调，共同育人。高等学校德育对学生健康成长和学校工作具有导向、动力、保证作用，对建设社会主义物质文明和精神文明，促进社会全面进步具有重要意义。高等学校德育的任务，是用马克思列宁主义、毛泽东思想和邓小平建设有中国特色社会主义理论教育学生坚持社会主义方向，树立科学的世界观和正确的人生观，形成良好的道德品质，把学生培养成为有理想、有道德、有文化、有纪律的一代新人。"

高等学校对高校学生进行思想政治教育，使高校学生热爱祖国，拥护党的领导和党的方针政策，确立中国特色社会主义事业的正确政治方向；通过学习马克思列宁主义、毛泽东思想、邓小平理论、"三个代表"重要思想、科学发展观，以及习近平总书记系列重要讲话精神，逐步树立科学的世界观、人生观和价值观；弘扬社会主义道德，学习为人民服务的精神，具有艰苦奋斗的精神和强烈的使命感、责任感；自觉遵纪守法，具有良好的道德品质和健康的心理素质。高等学校要把人才培养作为根本任务，要把思想政治教育摆在首要位置，贯穿教育教学的全过程。教育的根本任务是育人，教育要坚持以学生为本，强调学生在教育中的主体地位，使思想政治教育成为高校学生内在的强烈的需求。这就要把思想政治教育深入高校学生的心里去，要贴近实际、贴近学生，努力提高思想政治教育的针对性和实效性。

概括来讲，如今的高校思想政治教育已经完成了由以意识形态为主向以科学性为主的内涵的转变。思想政治教育学科和专业的建设在高度重视意识形态性质的同时，也在深入研究本学科的科学性。高校思想政治教育的这种科学性，反映在人类进入阶级社会以来，所有社会的统治阶级总是运用一系列原则、方法，整合社会，教育民众，开展政治动员，完成社会组织的任务，并且形成了一定的规律。从内涵的体系、属性来讲，今天的思想政治教育学科已经完成了由单一的阶级性内涵向综合性、实践性、科学性内涵的发展，并进入内容丰富、渐成体系、提高发展水平、突显内涵的崭新阶段。

高校思想政治教育的专业内涵概括如下：高校思想政治教育，是以马克思主义哲学原理、政治经济学原理和科学社会主义原理进行分门别类研究的，以事实为基础而逐步形成的，是对马克思主义理论和实践中国化的科学内涵、精神实质、内在逻辑和实践进行整体性、综合性研究的专业学科。在马克思主义理论一级学科下属的诸多二级学科中，高校思想政治教育是极具运用性的特殊学科。它旨在研究在马克思主义指导下的具有中国特色的思想政治教育的基础理论、学科体系和实践总结。高校思想政治教育至少包括：研究无产阶级经典作家关于思想政治教育的经典论著、理论基础及其形成和发展，把握思想政治教育的指导思想、理论基础、基本原则和学科体系；研究当代社会思潮和思想政治教育对象的变化，把握思想政治教育理论和实践的科学性；研究思想政治教育的内容和方式，把握思想政治教育的基本原理和方法论。

高校思想政治教育就是要使高校学生从整体上学习和认识思想政治教育的基本理论、基本过程，掌握从事思想政治教育实践的基本规律和基本方法，初步运用马克思主义立场、观点和方法，分析和研究社会现实问题、思想认识问题和社会发展问题，注重基本理论和基础知识的学习与掌握。对高校学生的培养，要注重专门知识和专业理论的学习，同时还应注重前沿知识和前沿理论的学习和研究。

高校思想政治教育的核心内容，已逐渐形成一个相对完整的科学体系，目前，可概括为三个层面、五项内容：① 居于最高地位的、任务最艰巨的、在思想政治教育体系中起支配作用的"政治教育"；② 最经常的、最普遍的、具有认知性特点的"思想教育"；③ 处于最底层、最具基础地位和基本特点的"道德教育""心理教育"和"法纪教育"。

其中，"政治教育"是信仰性教育，重在灌输、主导和控制；"思想教育"是认知性教育，重在启发、说理和引导；"道德教育"是规范性教育，重在内省、养成和自律；"法纪教育"是保障性教育，重在强化、自制和他律；"心理教育"是自励性教育，重在劝导、激励和体验。

（三）高校思想政治教育的主要任务

高校思想政治教育的内容十分广泛，这些内容共同构成了高校思想政治教育的主要任务。

第一，要以理想信念教育为核心，进行正确的世界观、人生观和价值观教育。高校学生应树立正确的理想信念，培养高尚的道德情操。人总是要有点精神追求的，理想信念是人生的精神支柱和动力源泉。要积极引导高校学生不断追求更高的目标，确立马克思主义的坚定信念；要教育高校学生树立在中国共产党的领导下走中国特色社会主义道路、实现中华民族伟大复兴的共同理想和坚定信念。世界观是人们对世界以及人与世界的关系的总体看法和根本观点。人生观是世界观的重要组成部分，是人们在实践中形成的对人生的目的和意义的根本看法，它决定着人们实践活动的目标、人生道路的方向和对待生活的态度。价值观是人们关于什么是价值、怎样评判价值、如何创造价值等问题的根本观点。世界观、人生观和价值观教育对于高校思想政治教育来说是非常重要和必要的，它符合高校学生这个年龄段的认知特点，对使高校学生正确看待自己、人生和社会有着至关重要的意义。

第二，要以爱国主义教育为重点，进行弘扬和培育民族精神的教育。爱国主义是中华民族的优良传统，是中华民族生生不息、自立于世界民族之林的强大精神动力。做一个忠诚的爱国者，是对当代高校学生的基本要求。中华民族是富有爱国主义光荣传统的伟大民族，在五千多年的历史发展中，形成了以爱国主义为核心的团结统一、爱好和平、勤劳勇敢、自强不息的伟大民族精神。培育高校学生的爱国主义精神，就是要让高校学生了解祖国悠久的历史文化和优良传统，了解我国的基本国情，认清祖国的美好未来和自己的社会责任，培养其爱国主义情感。爱国主义是一个历史范畴，有着鲜明的时代特点，在社会发展的不同时期、不同阶段有不同的具体内涵，并随着时代的发展而不断注入新的内容；让高校学生了解历史，懂得"只有社会主义才能救中国，只有中国特色社会主义才能发展中国"，积极为社会主义现代化建设做好准备。

第三，要以基本道德规范为基础，进行公民道德教育。大学时期是人道德意识形成、发展和成熟的一个重要阶段，在这个时期形成的思想道德观念对高校学生的一生影响很大。高校学生要继承和弘扬中华民族优良道德传统，全面把握社会主义道德建设的核心、原则，自觉恪守公民基本道德规范，努力养成良好的道德品质。教育高校学生了解道德概念及其历史发展，坚持以为人民服务为核心、以集体主义为原则，树立社会主义核心价值观,学习社会公德、职业道德和家庭美德,自觉遵守基本道德规范,努力提高思想道德素质。

第四,要以高校学生的全面发展为目标,深入进行素质教育。以素质教育为依托,拓展高校思想政治教育的内容,促进高校学生思想道德素质、科学文化素质和身心素质的协调发展。要促进高校学生的全面发展,就要十分重视高校学生的心理健康教育。现代社会的竞争与发展,使高校学生的心理问题日益突出。高校要根据高校学生的心理特点,有针对性地开展心理辅导,提高高校学生的心理调适能力。

高校思想政治教育的内容包括政治教育、思想教育、道德教育、法治教育和心理教育等,它们是一个相互联系、互相渗透的统一体。高校思想政治教育任务的实现,需要坚持科学性、时代性和规范性的原则。

思想政治教育的科学性是指思想政治教育的开展要符合思想政治教育的规律,它是实现思想政治教育实效性的理论基础。根据思想政治教育的规律开展思想政治教育实践,是其科学性的基本要求,也是解决思想政治教育低效问题的根本办法。以科学性为基础,充分发挥规范性和合情性的教育优势,是增强思想政治教育实效性的重要途径。

思想政治教育的时代性是指思想政治教育内容要把握时代主题,不断拓宽教育领域,从符合时代要求的思想和观念中提炼鲜活的教育资源,不断赋予高校思想政治教育鲜明的时代特征、时代内容和时代风格。思想政治教育的时代性要求教育内容要紧密联系当今时代重大现实问题和高校学生的实际情况,使教育富有生机和活力。

思想政治教育的规范性是指思想政治教育在开展传统的理论教学和思想教育的同时,还应该以高校学生的全面发展为目标,注重加强民主法治教育,增强遵纪守法观念。规范性是实现实效性的有效保障,也是思想政治教育目标在思想政治教育对象的法治意识和行为规范上的具体体现。

二、高校思想政治教育的特征和作用

高校思想政治教育的目的就是使高校学生树立正确的世界观、人生观和价值观,成为有理想、有道德、有文化、有纪律的一代新人。高校思想政治教育具有时代性、民族性和综合性的特征。

(一)高校思想政治教育的特征

1.高校思想政治教育的时代性特征

高校思想政治教育要紧跟社会发展要求,具有鲜明的时代性特征。这一特征主要体现在高校思想政治教育的内容上。高校思想政治教育的内容包括当前党的路线、方针、政策等这些现实的教育内容,以及这些内容的理论来源和现实依据,这些要素构成一个具有内在联系的系统。因此，我国的思想政治理论教育必然包括马克思列宁主义、毛泽东思想、邓小平理论和"三个代表"重要思想、科学发展观，以及习近平总书记系列重要讲话等内容。这些内容紧密联系当今理论发展，对高校学生理解理想信念教育、爱国主义教育、人生观教育、道德理论教育等具有现实意义。思想政治教育也只有融入新时代的理论内容，才具有生命力，才更容易被高校学生掌握。时代性特征体现在思想政治教育内容中，就是要使理论联系实际。思想政治教育者要有高度驾驭理论与解决实际问题的能力，才能解释好实践中的热点与难点，使思想政治教育更具说服力。

2. 高校思想政治教育的民族性特征

民族是一个历史范畴，是人类历史发展到一定阶段的产物。中华民族在几千年的历史发展中形成了稳定的民族情感和丰富的民族文化，进而成为思想政治教育的重要内容。中华民族精神源远流长、博大精深，是中华民族生命力、凝聚力、创造力的不竭源泉，也是高校思想政治教育的重要组成部分。

3. 高校思想政治教育的综合性特征

高校思想政治教育内容是综合性的教育内容。综合运用马克思主义理论，对高校学生进行理论教育。马克思主义是对社会发展和人的发展进行综合性研究的理论成果，其研究领域覆盖政治、经济、文化、社会和人的思维等多个层面。进行思想政治教育，要运用包括哲学、政治学、教育学、社会学、历史学和伦理学等多学科在内的教育内容，开展丰富多样的教育。同时，还要综合协调各方面的力量，利用各种教育途径和方法实施思想政治教育。以上都体现了思想政治教育的综合性。

思想政治教育要求高校学生用科学理论武装头脑，自觉抵制各种错误思潮和腐朽思想的侵蚀，适应社会生活。高校思想政治教育的作用表现在引导、激励和调节三个方面：

（二）高校思想政治教育的作用

1. 引导作用

思想政治教育明确体现出社会发展和人的发展的价值导向性。高校思想政治教育的内容可以提高高校学生的思想觉悟，提升他们的认识能力，引导他们认清社会发展的方向，确立行为选择的正确方针和目标，使高校学生确立正确的政治方向，树立正确的世界观、人生观和价值观，按照历史发展的必然要求和时代需要改造和发展自身。

2. 激励作用

思想政治教育就是要激励广大学生朝着坚定的正确的政治方向不断前进。通过系统完善的教育内容和灵活多样的教育方式，激发广大学生以饱满的政治热情、坚强的学习意志，积极地进行学习，为社会主义现代化建设提高自己、发展自己、完善自己。

3．调节作用

思想政治教育通过多种教育方式，告诉学生什么是正确的、合法的、应该倡导的，什么是错误的、不合法的、应该抵制的，提高学生识别真假、认清是非曲直的能力，抵制腐朽思想的侵蚀，防止不正当行为的发生。同时，通过表彰先进、树立榜样等方式，调节学生的思想与行为。

第二节　高校思想政治教育的重要意义

高校思想政治教育是我国高等教育的重要组成部分。加强高校思想政治教育，促进高校学生全面和谐发展，对培养中国特色社会主义合格建设者和可靠接班人以及促进高校学生健康成长具有重要意义。

一、高校思想政治教育是我党思想政治教育的重要组成部分

（一）党和国家领导人对思想政治教育工作的重视

中国共产党是在马克思列宁主义的科学指导下建立起来的。人类先进的、科学的社会主义意识不是自发产生的，必须通过系统的学习教育才能把握。无产阶级政党应该有计划地向人们传授社会主义知识，以革命的、科学的意识形态占领思想阵地，武装人们的头脑，使之树立正确的世界观。高校要坚持以马克思主义为指导思想，加强思想政治教育工作，使马克思主义深入人心、代代相传。进行思想政治教育，对于中国这样一个社会主义大国来说是十分必要的。正因为中国共产党重视这一工作，才保证了中国革命和中国特色社会主义建设的各项工作顺利进行。在曲折的革命过程中，中国共产党不断地将马克思主义基本原理与中国革命的实际相结合，用科学的马列主义、毛泽东思想，教育党员，启蒙民众，确保了革命队伍的先进性，最终赢得了革命的胜利。中国共产党一成立，就十分重视对党员和干部的思想教育。中华人民共和国成立后，尤其是社会主义改造完成后，中国共产党更加重视思想政治教育工作，大力开展马克思主义理论教育和社会主义教育工作。

党和国家领导人历来十分重视思想政治教育工作，始终强调用最新的马克思主义理论成果教育全国人民。邓小平对思想政治教育在社会主义建设中的作用认识非常深刻，他指出："过去我们党无论怎样弱小，无论遇到什么困难，一直有强大的战斗力，因为我们有马克思主义和共产主义的信念。有了共同的理想，也就有了铁的纪律。无论过去、现在和将来，这都是我们的真正优势。"改革实践表明，要在保持社会政治稳定的前提下深化改革，加快发展，就一刻也不能离开做人的工作，而且必须将党的思

想政治工作同经济工作和其他业务工作紧密结合起来，积极主动地为中心和大局服务。只有抓住思想政治工作这条生命线，各项工作才能显出勃勃生机。习近平总书记指出"意识形态工作是党的一项极端重要的工作"，并反复强调要进一步明确意识形态工作在党和国家的全局工作中的重要地位和作用。

（二）党和国家领导人对高校思想政治教育工作的重视

我们党的领导人都非常重视思想政治教育，毛泽东把人的全面发展概括为德育、智育、体育三个方面，强调这三个方面互相促进，缺一不可，同时，他也十分明确地要求把德育摆在学校一切工作的首位。毛泽东强调："我们的教育方针，应该使受教育者在德育、智育、体育几方面都得到发展，成为有社会主义觉悟的有文化的劳动者。"

党的十一届三中全会确立了改革开放的方针政策和解放思想、实事求是的思想路线。以邓小平同志为核心的党的第二代中央领导集体，对"什么是社会主义，怎样建设社会主义"进行了卓有成效的探索和思考，使高校学生对社会主义有了更深层次的体会，进而充分认识了马克思主义的科学性，自觉地坚持以马克思主义思想为指导，坚定社会主义现代化信心。邓小平提出了人的全面发展的"四有"要求，即有理想、有道德、有文化、有纪律。他强调，无论是学校教育还是社会教育都要以"四有"为标准，为我国高校明确了培养目标。

在新世纪新阶段，习近平总书记紧扣时代精神，强化思想引领，提出"两个巩固"，指出宣传思想工作就是要巩固马克思主义在意识形态领域的指导地位，巩固全党全国人民团结奋斗的共同思想基础。《关于进一步加强和改进新形势下高校宣传思想工作的意见》强调，要着力增强大学生思想政治教育的针对性和实效性，把社会主义核心价值观融入高等教育全过程，培养德智体美全面发展的社会主义合格建设者和可靠接班人。这是我国高校思想政治教育发展进程中的又一里程碑。教育的根本任务是立德树人，高校学生正处于价值观形成的关键时期，抓好这一时期价值观的养成和培育十分重要。要通过入脑入心的思想政治教育，将中国梦作为高校学生的共同时代理想，将社会主义核心价值观作为高校学生的价值取向标准，从中华民族传统文化瑰宝中汲取丰富营养。

高校学生是我国教育制度培养的高层次人才，将责无旁贷地承担起建设中国特色社会主义的历史重任。要使高校学生成长为中国特色社会主义合格建设者和可靠接班人，不仅要大力提高他们的科学文化素质，更要大力提高他们的思想政治素质。只有真正把思想政治教育工作做好了，才能确保党和人民的事业代代相传，确保国家长治久安。

二、高校思想政治教育是社会主义现代化建设的必然要求

社会主义现代化进程在很大程度上取决于国民素质和人才资源的开发程度。加强和改进高校思想政治教育工作是实现中国特色社会主义现代化建设的必然要求。

（一）人才是建设中国特色社会主义事业的保障

当今时代，知识经济方兴未艾，科技竞争日趋激烈，人才在社会发展中的作用越来越重要。人才成为我国经济社会发展的第一资源。在知识经济时代，知识将成为占主导地位的重要资源和生产要素，知识对经济的发展比以往任何时候都具有更大的推动作用。掌握知识的人才必然成为一种重要资源。人才作为先进生产力和先进文化的重要创造者，是生产力中最活跃的因素。只有重视人才这个经济社会发展的第一资源，才能更好地推动经济社会发展。

当今世界，国家之间的竞争从根本上说是人才的竞争。立足我国的基本国情，要实现跨越式发展，必须走人才强国之路。坚持依靠人才，发挥我国人力资源丰富的优势，为中国特色社会主义事业提供强有力的人才保证。青年人才是人才资源中的重要组成部分，代表未来人才发展的方向；青年人才是我国人才发展的后续力量，要大力培育和开发青年人才，不断充实我国的人才队伍，为建设中国特色社会主义事业提供人才保障。改革开放以来，我们党在高度关注经济建设的同时，更高度关注人的发展，关注人的思想道德素质、科学文化素质和心理素质的全面提升。实现中华民族伟大复兴，需要大批高素质人才。人才是实现社会发展的重要动力，是提升我国核心竞争力和综合国力的关键力量。人才问题是关系到党和国家事业发展的关键问题，高素质人才在党和国家工作全局中占有重要的地位。

（二）高校是培育高素质人才的重要基地

高等学校是培养高等人才和高素质劳动者的地方，是科技创新的主体。青年人才队伍的发展壮大为中国特色社会主义事业提供了源源不断的人才资源。高校学生是我国青年人才队伍的重要组成部分，是高素质人才中的重要力量。中国特色社会主义建设的合格人才是有理想、有道德、有文化、有纪律，面向世界、面向未来、面向现代化的，因而，高校除了对学生进行知识教育外，还必须对学生进行思想政治教育。在高校学生的成长过程中，思想政治教育对他们的健康成长、成才起着主导性作用。思想政治教育是启迪人的思想、塑造人的灵魂的工作，是保证人才良好思想道德素质的有效途径。要让高校学生认识并深刻理解自己所肩负的实现中华民族伟大复兴的历史使命，这对于实现现代化的宏伟目标和中华民族的伟大复兴，具有重大而深远的战略意义。

思想政治教育能促进高校学生精神需求的满足和精神生活质量的不断提升，思想

道德素质和科学文化素质的不断提高，推动了高校学生的全面发展。高校思想政治教育工作就是用中国特色社会主义理论武装学生的头脑，用爱国主义、集体主义、社会主义的精神培养高校学生，使之具有民族自豪感和时代使命感。只有切实加强和改进高校思想政治教育工作，才能培养、造就千千万万具有高尚思想品质和良好道德修养，掌握现代化建设需要的丰富知识和扎实本领的优秀人才。要使高校学生能够认识到自己所肩负的历史使命，并把它内化为自己的内心信念和不断为祖国的现代化事业奋斗的动力。

三、高校思想政治教育是高校学生的内在需求

（一）高校思想政治教育是高校学生健康成长的内在需求

改革开放以来，我国社会主义现代化建设取得了举世瞩目的巨大成就，但也面临着不少发展问题，这些问题不同程度地影响着高校学生的思想状况。社会主义市场经济是同社会主义基本制度结合在一起的，是同社会主义精神文明结合在一起的，它要体现社会主义基本制度的要求，充分发挥社会主义的优越性。实践证明，发展社会主义市场经济有利于解放和发展生产力，增强社会主义国家的综合国力，提高人民的生活水平，也有利于增强人们的自立意识、竞争意识、效率意识、民主法治意识和开拓创新精神，调动人们的积极性和创造性，推动社会的道德进步。但也要看到市场本身的弱点和消极方面，如趋利性、自发性等也会反映到道德生活中，反映到人与人的关系中，容易诱发拜金主义、享乐主义、极端个人主义等消极行为，这些因素都会干扰社会主义的道德建设，阻碍社会主义市场经济的健康发展。

国家大力发展高等教育，全国普通高校学生招收数量成倍增长，这种量的快速增长带来了不少问题。当前，高校学生的就业问题比较突出，学生把专业课学习以及将来的就业看作重要的目标，弱化了思想政治教育。学生数量的快速增加和专业设置以及教学改革不能很好地随着时代的要求而变化，直接影响了在校学生的思想情绪。同时，高校学生数量的增多加重了高校思想政治教育的工作任务，而负责思想政治教育工作的人员相对较少，以致难以将工作做细。高校思想政治教育工作的主要任务是，要通过思想政治教育工作，改变高校学生对就业期望值过高的思想，使学生踏踏实实地安心学习，积极参与各种活动来提高自身的理论素质和专业知识。

（二）高校思想政治教育是高校学生成才的内在需求

高校学生处在获取知识、发展智力的最佳时期，这也是他们思想觉悟、道德情感发展最积极的时期。在高校学生成长成才的关键时期，必须有健康的思想、高尚的精神、良好的情操和在此基础上形成的克服种种困难的毅力等。这一切都有赖于高校思想政

治教育。思想政治教育能帮助高校学生形成正确的世界观、人生观和价值观。思想政治教育可以使高校学生正确处理德与才的关系，自觉坚持加强思想道德素质与学习科学文化知识的统一，把思想道德素质与学习科学文化知识结合起来，进而促进自身综合素质的全面提高。

思想政治教育能促进高校学生早日确立成才目标。个人发展应该与社会进步相一致，正确的成才目标应该符合所处时代的条件、尊重社会发展规律、顺应时代潮流。思想政治教育引导高校学生思考大学与人生理想的关系，帮助高校学生正确认识自身肩负的责任和使命，促进高校学生立志成才。高校学生有了方向和要求，就有了对自己的明确要求，就能集中时间和精力学习，提高和发展自己。选择正确的成才目标对高校学生成才具有举足轻重的作用。因此，高校学生成才目标的选择一定要坚持服务社会、奉献祖国和人民的正确方向。品德、知识、能力和业绩是衡量人才的主要标准。所以，正确的成才目标应该定位在符合德才兼备的要求上，识别人才时也要坚持德才兼备原则。思想政治教育能帮助高校学生用科学理论武装头脑，引导高校学生树立正确的世界观、人生观和价值观、道德观及成才观，培养高校学生的爱国情怀和优良道德品质。思想政治教育能帮助人们树立正确的目标，把个人的选择建立在社会需求的基础上，把个人的才智、兴趣充分地发挥在崇高的远大目标上，从而实现自己的价值，并为国家和民族创造出更多价值。高校学生的思想道德素质、科学文化素养和身心素质如何，直接关系到人才强国战略的落实，关系到党和国家现代化事业的顺利进行。

当今时代给高校学生提供了一个广阔的成才空间，在成才的道路上，必须有目标始终如一、不畏艰苦、勇于拼搏的实践行动。崇高的目标可以鼓舞和引导高校学生不断追求新知识、最大限度地开发内在潜力。思想政治教育能帮助高校学生学习并掌握马克思主义的科学理论，懂得把自身的学习同国家、民族的前途和命运紧密相连，始终以国家富强、民族振兴、人民幸福为己任，为高校学生在成才之路上不懈奋斗提供正确指导和精神动力。

第三节　高校思想政治教育的原则

中共中央、国务院颁发的《关于进一步加强和改进大学生思想政治教育的意见》，明确提出了加强和改进高校思想政治教育的基本原则，即坚持教书与育人相结合，坚持教育与自我教育相结合，坚持政治理论教育与社会实践相结合，坚持解决思想问题与解决实际问题相结合，坚持教育与管理相结合，坚持继承优良传统与改进创新相结合。深刻理解和把握以上原则，对于进行高校思想政治教育具有重要意义。

一、坚持教书与育人相结合

学校教育要坚持育人为本、德育为先，把人才培养作为根本任务，把思想政治教育摆在首要位置，充分发挥课堂教学在高校思想政治教育中的主导作用。高校思想政治理论课是高校思想政治教育的主渠道，是帮助高校学生树立正确的世界观、人生观和价值观的重要途径，体现了社会主义大学的本质要求。形势政策教育是思想政治教育的重要内容和途径。高校哲学社会科学课程负有思想政治教育的重要职责。高校的各门课程都具有育人功能，要把思想政治教育融入高校学生专业学习的各个环节。

教师要以高度负责的态度，率先垂范、言传身教，以良好的思想道德品质和人格给高校学生以潜移默化的影响。在教的过程中，只有教师把义不容辞的责任担当起来，充分发挥主动性、积极性和创造性，才能把教育工作做好。德育要坚持正面引导，教师和其他教育工作者必须是社会上的先进力量，要充分依靠他们对学生进行共产主义理想和道德观念的灌输。如果孤立地、片面地强调学生的主体性而忽视教师的主体性，就会削弱教师的使命感和责任感，这对德育的有效进行是不利的。邓小平说："一个学校能不能为社会主义建设培养合格的人才，培养德智体全面发展、有社会主义觉悟的有文化的劳动者，关键在教师。"如果只传授知识而忽视培养的方向，这样的教育是失败的。充分发挥教师的主体作用，要求教师用自己的远大理想去激发学生的理想，用自己高尚的道德情操去陶冶学生的情操，用自己鞠躬尽瘁的工作态度去激励学生的奉献精神，用自己严谨的富于创造性的治学态度去培养学生的科学精神和创新精神。这种潜移默化的育人方式是教师主体性自然而然的发挥，可以起到"润物细无声"的作用。学校要把人才培养作为根本任务，要把思想政治教育摆在首要位置，贯穿教育教学的全过程，所有教师都负有育人职责。要深入发掘各类课程的思想政治教育资源，在传授专业知识的过程中加强思想政治教育，使学生在学习科学文化知识的过程中自觉加强思想道德修养，提高政治觉悟。

二、坚持教育与自我教育相结合

在高校思想政治教育过程中，既要充分发挥学校教师、党团组织的教育引导作用，又要充分调动高校学生的积极性和主动性，引导他们自我教育、自我管理、自我服务。教育是一种社会实践过程，它是由两个相互交织的并行过程所组成的，一个是教师（包括各类教育工作者）的教书育人（传道、授业、解惑）过程，另一个是学生的学习、成才过程。在教的过程中要充分发挥教师教的主观能动性，而在学的过程中则要充分发挥学生学的主观能动性，二者缺一不可。因此，教育不是一个单一的社会实践过程，而是由上述两个子过程交织而成的复合过程。

（一）充分发挥学生的自我完善作用

思想政治教育过程，实质上就是在教师教育的影响下，学生思想政治品德形成并发展的过程。这一过程取得成效的最终标志是学生思想觉悟和认识能力的提高。学生是学习过程的主体，要达成德育的目标，归根结底还得靠学生发挥自己的主观能动性。教师只能作为一种外部驱动力，所起的作用只能是外因的作用，只是变化的条件；学生才是内因，才是变化的根据。学生在接受教育影响的过程中，总是要根据自己已有的内在标准和思想基础对教师传授的思想意识进行筛选、消化、改造，然后才能形成自己的思想意识，并逐渐转化为现实的行为。任何理性教育，形象的感染都是外部的客体，只有通过主体的心理过程才能起到这样或那样的作用。如果没有主体的心理过程，任何教育都等于零。在教学过程中，要充分发挥学生的主体作用。任何一个教育过程，都必须发挥两个方面的积极性，即教师的主导性和学生的自觉性。教师要善于发掘和引导学生的内在需求，帮助他们形成自我发展、自我完善的动机系统，产生自我教育的需求与动机，这样学生才会有自我教育的行为。教师要善于在多种实践活动中，积极主动地为学生的自我教育创造条件，使其在实践活动中更好地进行自我教育，提高自我教育的能力。思想政治教育活动要想取得实效，必须充分发挥学生的内因作用，也就是说，必须充分发挥学生的主体作用。在接受教育影响的过程中，只有充分发挥学生的主体作用，体现其主体性，才能真正内化教育内容，使其形成良好的道德品质，实现思想政治教育目标。

（二）重视高校学生的自我教育

高校学生要具备自我教育的能力，这要求教师在教育实践中要通过多种途径主动帮助和激发高校学生的主体能力。自我教育法是指学生按照思想政治教育的目标和要求，通过自我学习、自我修养、自我反思等方式，主动接受科学理论、先进思想观念、社会生活规范，提高自身思想认识和道德水平的方法。高校要培养和充分发挥学生自我教育的主体作用，提高学生自我教育的意识。社会道德意识要想转化为个体的道德信念，必须建立在个体的自我体验基础上。思想政治教育活动和环境影响只有通过学生积极主动的内化活动，才能起作用。苏联著名教育家苏霍姆林斯基指出："只有能够激发学生去进行自我教育，才是真正的教育。"要培养学生自我教育的意识，以自己已有的文化知识、心理结构、道德水准，积极主动地、有选择地接受和处理个体和外部世界的关系。要帮助学生认识和发掘自身优势，提高学生自我发展和自我完善的能力，最终将社会的优秀品质内化为自己的品质，成为一个有道德、有修养的人才。高校学生要实现自我教育，充分发挥主体的能力，主要从以下三个方面着手：第一，要打好坚实的理论基础。理论的学习是高校思想政治教育中不可缺少的一环。理论教育法是思想政治教育最主要、最基本的方法，也是高校学生打好理论基础最直接的方法。高校学生只有具备坚实的理论基础，才能以正确的理论指引自己的行为，也才能在现实中明辨是非，为自己找准努力的方向。在当代复杂多变的社会环境面前，人们比以往任何时候都更需要科学的思想和理论来指导自己进行正确选择和决策，以便更加有效地认识环境。第二，树立榜样是高校学生自我教育的一个有效途径。榜样示范法是指通过具有典型、榜样意义的人或事的示范引导作用，教育人们提高思想认识、规范自身行为的方法。榜样教育具有形象、生动的特点，它是理论与实际的有机结合。高校学生用榜样的力量激励自己，在心中树立成功的典范，为自己指明努力的方向，会产生更强的感染力和说服力，在自我教育中收到很好的效果。通过典型事迹使高校学生看到榜样的成功之处，明确努力的方向，从而努力奋斗，在改造客观世界的过程中全面提升自己的思想道德素质。学生必须实事求是地选择对自己有影响力的典型，否则难以真正从思想和行动上认同，也起不到典型引导的作用。第三，坚持教育与自我教育相结合的方法，这是发挥教师主导性与发挥学生主体性原则在高校思想政治教育中的贯彻落实。高校学生还应借鉴历史上的思想家们所提出的各种积极有效的道德修养方法，如学思并重的方法、省察克治的方法、慎独自律的方法、积善成德的方法、知行统一的方法等，提高自身的道德修养。自我教育是衡量思想政治教育是否有效的一个标志，也是高校思想政治教育最终的归宿。

三、坚持政治理论教育与社会实践相结合

高校思想政治教育既要重视课堂教育，又要注重引导高校学生深入社会、了解社会、服务社会。这条原则要求理论与实际相结合，既注重马克思主义理论教育，又注重理论联系实际，在社会实践中提高高校学生的思想政治素质，促进知行统一。

高校思想政治教育坚持政治理论教育与社会实践相结合，应注意以下几点：首先，要重视政治理论教育。政治理论教育是高校思想政治教育的基础。要坚持不懈地用马克思列宁主义、毛泽东思想、邓小平理论、"三个代表"重要思想、科学发展观，以及习近平总书记系列重要讲话等理论武装高校学生，坚持以理想信念教育为核心，以爱国主义教育为重点，以思想道德建设为基础，以大学生全面发展为目标，把高校学生培养成为德智体美劳全面发展的社会主义合格建设者和可靠接班人。

其次，高校应开展形式多样的社会实践活动。社会实践是高校思想政治教育的重要环节，对促进高校学生了解社会、了解国情、增长才干、奉献社会、锻炼毅力、培养品格、增强社会责任感具有不可替代的作用。高校要重视学生的社会实践，积极探索和建立社会实践与专业学习相结合、与服务社会相结合、与勤工助学相结合、与择业就业相结合、与创新创业相结合的管理体制；要利用好寒暑假，积极组织学生参加社会调查、生产劳动、志愿服务、公益活动、科技发明和勤工助学等社会实践活动；

要重视社会实践基地的建设，学生在实践中能学到在书本上学不到的知识，实践中会遇到许多新情况、新问题，能进一步引导学生思考，激发他们研究的兴趣。社会实践基地的建立为高校学生的成长提供了一个接触社会的窗口，使高校学生在社会实践活动中受教育、长才干、做贡献，增强社会责任感。

最后，要真正做到政治理论教育与社会实践的有机结合。理论与实践结合是中国共产党的思想政治教育的优良传统，高校思想政治教育也要做到二者的有机结合。这就要求高校思想政治教育者要引导高校学生掌握科学的理论，正确地认识世界、认识社会；同时，又要从实际出发，针对高校学生的思想实际，结合时代背景和现实国情，开展思想政治教育。

四、坚持解决思想问题与解决实际问题相结合

解决思想问题与解决实际问题相结合就是要既讲道理又办实事，既以理服人又以情感人，增强思想政治教育的实际效果。高校思想政治教育者只有关心高校学生的实际生活，从解决高校学生面临的实际问题入手，才能收到思想政治教育的实际效果。同时，教育工作者要带着情感与学生进行交流。真挚的情感是开启学生心门的钥匙。教育工作者有了这种情感，就会自然而然地将其在工作中体现出来，这样才能更好地打动学生，赢得学生的尊重和信赖。

思想政治教育既要育人、引导人，又要关心人、帮助人。大学阶段，是人生发展的重要时期，高校学生面临许多诸如学习成才、择业交友、健康生活、求职就业等方面的具体问题。这些现实问题往往反映到高校学生的思想问题上来，要及时、正确地帮助高校学生解决实际问题，才能体现思想工作的实效性。高校要加强对经济困难的高校学生的资助工作，通过以国家助学贷款为主体，包括助学奖学金、勤工助学基金和学费减免在内的助学体系，帮助经济困难的高校学生完成学业；要帮助高校学生树立正确的就业观念，建立健全高校学生就业指导机构和就业信息服务系统；要重视高校学生的心理健康教育，高校学生如果没有健康的心理，纵使才高八斗、学贯中西，也不会有发挥自己才能的勇气，不会有实现自己价值的魄力，相反，可能在现实中到处碰壁。现实生活中，高校学生的心理问题不容忽视。根据高校学生的身心发展特点和教育规律，高校应注重培养高校学生良好的心理品质，增强高校学生克服困难、经受考验、承受挫折的能力；积极开展高校学生心理健康教育和心理咨询辅导，引导高校学生健康成长。通过解决高校学生的实际问题，有效地化解他们的思想问题，真正做到解决思想问题与解决实际问题有机结合。

五、坚持教育与管理相结合

教育与管理相结合是指把思想政治教育融于学校管理之中，建立长效工作机制，使自律与他律、激励与约束有机地结合起来，正确引导高校学生的思想和行为。教育与管理是高校思想政治教育的两个重要方面，二者是相通的，是相互促进的，从某种意义上说，管理是一种有形的教育，教育是一种无形的管理。坚持教育与管理相结合，要做好以下两点：

第一，重视高校思想政治教育工作者的素质。高校思想政治教育工作队伍的主体是学校党政干部和共青团干部，是思想政治理论课和哲学社会科学课教师、辅导员和班主任。学校党政干部和共青团干部负责学生思想政治教育的组织、协调、实施；教师则应结合课程的内容、特点，侧重对高校学生进行思想政治教育；辅导员和班主任按照党委的部署有针对性地开展思想政治教育活动，班主任负有在思想、学习和生活等方面指导学生的职责。辅导员、班主任与高校学生朝夕相处，工作在教育的第一线，对高校学生的成长影响很大，作用不可替代。高校思想政治教育工作者要率先垂范，为人师表，树立"身教重于言教"的理念，发挥榜样作用，提高自身素质。学生的成长是覆盖全校园的，广大教职员工都负有对高校学生进行思想政治教育的重要责任。

第二，建立科学的规章制度，确保教育与管理相结合。高校学生管理是指对高校学生从入学到毕业这一期间学习、生活、行为规范的管理。对学生的思想教育离不开对其具体的学习、工作、生活的管理，要做好学生的思想教育工作，就必须制定相关的规章制度。同时，管理工作只有与思想教育紧密结合，才能取得最佳效果。在对学生实施管理的过程中，一方面要加强管理，另一方面要加强教育，才能不断提高管理水平。

六、坚持继承优良传统与改进创新相结合

高校在继承党的思想政治工作优良传统的基础上，要积极探索新形势下高校思想政治教育的新途径、新办法，努力体现时代性，把握规律性，富有创造性，增强实效性。我们在长期的思想政治教育工作中形成了一整套工作机制，积累了丰富的宝贵经验，如理论联系实际、密切联系群众、批评与自我批评、先进性和广泛性相结合等方法和原则，这些内容反映的思想政治教育规律，在新时期、新阶段仍然具有现实的意义。我国处在中国特色社会主义现代化建设的新时期，随着社会主义市场经济的深入发展，我国社会经济成分、组织形式、就业方式、利益关系和分配方式日益多样化，给高校学生的思想观念、价值观念也带来一些影响。因此，我们要在继承和发扬党的思想政治教育优良传统和宝贵经验的基础上，认真研究当代高校学生的思想行为特点，

积极探索新形势下高校思想政治教育的新途径和新方法，探索、充实思想政治教育的新内容。

第四节　高校思想政治教育的价值

一、高校思想政治教育的价值概述

高校思想政治教育的价值，用传统的概念来表述，就是高校思想政治教育的意义、功能、地位和作用，"价值"是"地位、作用"的抽象理论和哲学概括。在中国共产党的历史上，对高校思想政治教育的地位、作用有过许多经典的表述，如"生命线""中心环节""政治优势"等。一般来说，高校思想政治教育的"地位"，是指高校思想政治教育在社会结构和社会生活中所占的位置；高校思想政治教育的"价值"，强调在社会发展和人的发展过程中高校思想政治教育所起到的作用，即其存在的意义。由它们各自的界定来看，高校思想政治教育的价值、地位之间有着密切的联系，只有将高校思想政治教育的价值放到明确的位置，才能更好地发挥高校思想政治教育的作用。

显然，高校思想政治教育的价值问题，不是今天才出现的新问题。但事物是变化发展的，随着政治、经济各方面条件的变化，新的历史条件下，时代主题也与原来不同，这就出现了工作重心的转移和经济价值的凸现问题，一些人对高校思想政治教育的价值产生怀疑，轻视高校思想政治教育的倾向有所抬头。与此同时，就世界的发展形势而言，世界政治经济格局发生了巨大的变化，经济全球化和科技革命迅猛发展；就国内形势而言，中国正在适应大的形势需要，正在进行中国特色社会主义政治制度的自我完善和发展，这必然导致高校思想政治教育的任务更加神圣和艰巨，从而也就面临更加严峻的挑战。因此，重新审视和研究高校思想政治教育的价值，具有十分重要的理论意义和现实意义。

（一）重新审视高校思想政治教育价值的背景

1. 重新认识高校思想政治教育的价值是时代提出的客观要求

在经济大发展的社会环境下，发展经济成为世界性的潮流，和平与发展成为时代的主题。在这样的时代背景下，我们党实现了工作重点的转移，确立了以经济建设为中心、坚持四项基本原则、坚持改革开放的基本路线。于是，经济成为世界和我国社会的主导因素，经济的地位、经济的价值在社会生活中空前凸现。

在党的工作重心转移到经济建设上来之后，如何认识高校思想政治教育的地位与作用，就成为人们普遍关心和有待进一步明确的问题。在这个历史性的转换过程中，自然会产生许多矛盾和曲折，人们的认识也不可能一下子到位。问题的复杂性还在于，我们不仅面临着因时代的转变而带来的价值观变化，而且还面临着我们对过去的错误倾向的矫正。那种将政治凌驾于一切之上、与经济工作对立的做法，过分强调高校思想政治教育的作用、过高看待政治思想价值的倾向自然又会在这种矫正过程中受到人们的重新审视。高校思想政治教育要从高高在上、以自我为中心转变为服从、服务于经济建设，为现代化服务。

新旧价值观的转换，不会也不可能一下子到位，不可避免地会出现许多矛盾。在重新认识高校思想政治教育价值的过程中，也出现了一些矛盾和问题。这些矛盾和问题集中表现在以下几个方面：

（1）从高度集中的政治化管制、道德化约束向以经济为中心的相对比较自由的社会价值体系转变。在这个过程中，又出现了极端的经济物质价值观，使整个价值倾向由一个极端走向另一个极端。

（2）在否定错误的政治、道德观念及高校思想政治教育的过程中，出现某些个体否定政治、道德以及高校思想政治教育本身价值的倾向，使价值取向产生缺失。

（3）从原来封闭的、计划经济制度影响下的高校思想政治教育及道德观念，向相对自由的、开放的、市场经济条件下的高校思想政治教育及道德观念转变。在这个过程中，缺乏一个能掌控全局的有力的导向，从而出现了一些滞后的现象。

以上所说的这些矛盾多种多样，而且每个矛盾都有不同的表现形式，但无论是什么样的矛盾，归根结底就是该如何审视高校思想政治教育所发挥的作用，也就是高校思想政治教育的价值。事实上，没有一种社会的价值取向是单一的，否则就会使社会发展失衡并付出惨重的代价。所以，人类在社会的曲折发展过程中，总是坚持不懈，试图寻找一种合理的张力来协调各方面的发展，使政治、经济、文化三者协调发展，互补互助，不相冲突。并且，在人类社会的发展历程中，这个问题愈加凸显，因而，现代社会在这个问题上只会显得更加敏锐和自觉。社会主义社会是高级的社会形态，是全面发展、全面进步的社会，因此，社会形态的客观要求就是物质文明、精神文明、政治文明三者之间的相互协调和高度发展。社会主义精神文明的根本任务以及最终目标和要求，就是客观上要求在全社会形成共同理想和精神支柱，这就进一步明确了我国高校思想政治教育的价值取向和定位，为缓解思想道德领域的复杂矛盾提供了价值准则和明确的导向。

2. 充分认识高校思想政治教育的价值是回应挑战、增强综合国力的需要

我国的现代化建设是在对外开放的大背景下进行的。以积极的姿态走向世界，主动加入全球化进程是中国的理性选择。更重要的是，我们要在这一过程中坚持走自己的路，建设中国特色社会主义，这无疑将使我们面临巨大的压力和挑战。从国内的情况来看，改革开放以来，我国一直在审视走过的发展历程，总结以往的经验教训，对

怎样发展、实现什么样的发展进行了深刻的探讨和研究，紧跟时代的步伐，选择科学的发展路径。科学的发展必然与全球化进程有着千丝万缕的联系，全球化也正在迅速改变着我国的政治、经济和社会生活。这些客观存在必然在人的主观意识中反映出来。也就是说，这些都与思想意识紧密相连，必将在思想领域有所反映。如果忽视了全球化，忽视了全球化给高校学生思想政治领域带来的影响，我们就会割裂思想政治与经济、文化等的联系，将其放在一个孤立的位置，从而失去思想意识领域中的优势，也失去了领导该领域的权力。全球化是一个日益加深的变化过程，伴随而来的是日益激烈的综合国力的竞争和较量。而综合国力的竞争既包含国家硬实力的竞争，又包含国家软实力的竞争。国家软实力又涵盖了文化、意识形态等内容，这些内容的地位和作用也就愈加凸显出来，它们是新的力量来源，甚至是更重要的力量来源。在国际竞争中，除了经济以外，文化和意识形态也是相当重要的竞争领域。经济落后会挨打，文化的衰竭、僵死，意识形态的动摇、分裂，则会使政治统治丧失合法性，不打自倒。因此，思想意识领域问题已经成为全局性的问题。

3. 正确认识高校思想政治教育的价值也是社会发展观变革的必然要求

社会发展是当代的一个世界性主题。按照社会学的定义，社会发展是一种积极的社会变迁。特定意义的社会发展则指社会的现代化。社会发展是一个富有时代特征的概念，它的含义与观念随着实际发展进程的深入，以及发展区域的不断扩大而日趋丰富合理。特别是全球化进程在全球掀起了一股浪潮，对世界现代化产生了前所未有的影响。各国在现代化发展的思想观念上逐渐发生了变化。

可以说，从以往单独的、重视物质的、纯经济的因素到逐渐开始并加大力度重视精神、文化、环境等诸因素的和谐发展，从单一的经济增长到社会全面发展，从物的现代化到人的现代化，反映了时代的进步和人的自觉意识的增强。

（二）新时期高校思想政治教育的合理定位

传统高校思想政治教育在我国社会主义革命和建设中曾经起过很大作用，这种作用是在特定历史条件下，为完成特定任务而发挥出来的。今天，在进行社会主义现代化建设的条件下，如果仍坚持推行"政治中心、道德至上"的价值观念，会不可避免地产生两种结果：一种是"政治中心、道德至上"的取向必然使经济、业务处于从属甚至被忽略的地位，政治、道德价值的凸现，也必定增强其统领性、削弱其服务性，而服务性的削弱又使其脱离服务对象——经济、业务；另一种是"政治中心、道德至上"的取向也必然使人们的实际利益因得不到应有的关照而被忽视，与人们休戚相关的经济价值、业务价值并不会因为政治与道德价值的凸现而长期退避。当人们感受不到脱离实际的抽象政治、道德的价值时，就会把它作为一种外在的东西，采取应付、逃避的态度，教育上的形式主义、教条主义也随之产生。这两种倾向的实质，仍是高校思想政治教育的价值问题。

因此，进入新的历史时期后，随着党的工作重心的转移，新的形势与任务不仅要求我们重新认识高校思想政治教育的价值，也要求高校思想政治教育工作的定位必须正确而合理。这一定位要放在当前我国经济转型的大背景之下。当前，我国经济正处于深度变革时期，削减产能过剩行业在经济发展中的比重，辅助新兴产业的发展，已经成为我国当前经济发展的一个重要目标。实现这一目标的关键动力就是创新。因此，高校思想政治教育要在坚持传统高校思想政治教育观念的基础上，把培养高校学生的创新意识作为实现高校思想政治教育价值的另外一个重要任务。因此，在新时期，高校思想政治教育的价值定位要放在对高校学生政治观念和创新观念的培养上。

（三）现代高校思想政治教育价值的内涵

高校思想政治教育从本质上来讲，是一种精神生产活动。所谓高校思想政治教育的价值，是人和社会在高校思想政治教育实践（认识活动）中建立起来的，以人的思想政治品德的形成和发展规律为尺度的一种客观的主客体关系，是高校思想政治教育的存在及其性质是否与人的本性、目的和需要等相一致、相适合、相接近的关系。这种关系是高校思想政治教育在其教育活动和社会关系中合乎人的发展（尤其是思想品德的形成和发展）和人类社会进步（尤其是精神文明的进步）的目的而呈现出的一种肯定的意义关系。简言之，现代高校思想政治教育的价值，是高校思想政治教育对人和社会生存、发展的"意义""益处"或"有用性"。从表现形式上看，它属于精神价值，但可以转化为物质价值。

二、高校思想政治教育价值的特征

高校思想政治教育的意识形态本质上是阶级社会和阶级斗争的产物。研究高校思想政治教育是为了更好地发挥它的价值，明确它的基本特征，学以致用。思想政治作为无产阶级政党的一项重要而特殊的活动，具有以下基本特征：

（一）客观性与主观性的统一

1. 客观性

高校思想政治教育活动是客观的实践活动，因此，高校思想政治教育价值具有客观性。高校思想政治教育价值的客观性是指高校思想政治教育价值是客观的，是不以价值主体或评价主体的意志为转移的客观存在。这里主要包含三个方面的内容：

第一，高校思想政治教育价值的主体是人，人具有客观性。这个客观性是由人在自然界的客观存在决定的。

第二，高校思想政治教育价值的客体具有客观性。单个的人聚在一起就组成了社会，这就决定了整个社会的客观性，这就使高校思想政治教育作为客观的社会活动，同样具有客观性。高校思想政治教育价值客体的选择虽然带有一定的主观色彩，但教育活动的组织者和参与者都具有客观性，教育活动的内容、方法、运行状态、外部环境都是看得见摸得着的客观存在。

第三，高校思想政治教育价值的主客体关系具有客观性。整个世界是客观存在的，世界中的各个部分的联系也是客观存在的。高校思想政治教育价值不是实体范畴，而是关系范畴，存在于主体与客体的相互作用中，体现为客观环境对主体产生的各种影响，如当前深入学习科学发展观的宣传教育活动对我国构建社会主义和谐社会带来了巨大作用和影响，这是人们可以体会到的感性存在，具有不以个人意志为转移的客观性。

2. 主观性

高校思想政治教育价值的主观性是指高校思想政治教育价值的存在及其性质要受到主体的制约和影响。这里主要包含三个方面的内容：

第一，高校思想政治教育价值的主体的不同思维方式、认识水平和实践能力等客观情况影响着高校思想政治教育的价值。例如，社会主义法治教育能够对知识分子产生正面价值，而对于一些已经习惯用伦理来判定事物的人来说，则可能产生零价值甚至是负价值。

第二，高校思想政治教育价值主体的不同需要及其在多大程度上意识到这种需要影响着高校思想政治教育的价值。不同的主体需要和意识程度能够产生不同形态和大小的高校思想政治教育价值。

第三，高校思想政治教育价值主体的变化发展影响着高校思想政治教育的价值。同一高校思想政治教育价值主体在不同时期、不同环境下会产生不同的需要，需要的改变直接影响到其接受政治观念的侧重点，从而产生不同的价值。

（二）社会性和历史性的统一

1. 社会性

意识源于客观的实践活动。高校思想政治教育作为意识范畴同样离不开客观的社会实践。从高校思想政治教育诞生的那一刻起，就与人类政治社会化需要的实践活动紧密相连。高校思想政治教育本身是一种实践活动，这也决定了它是一种客观的社会现象，因此其价值又具有社会性。高校思想政治教育价值的主体和客体以及主客体的关系、根源、评价标准和评价目标也具有社会性。这里主要包含三个方面的内容：

第一，高校思想政治教育价值关系带有社会性特征。高校思想政治教育是客观实践的产物，经历了长期的发展变化。它是社会长期发展的产物，实质上是人的社会活动，在活动中建立起来的价值关系只能在社会中而不是在自然界中存在。

第二，高校思想政治教育价值的根源是社会性需要。有了人的实践活动，才有高校思想政治教育，也才会反过来指导人的实践活动，从而彰显高校思想政治教育的价值。追根溯源，高校思想政治教育的根本目的是指导人的实践活动，从而满足人内心的生存或发展需要。根据联系普遍性的哲学原理可知，这种需要与主体周围的社会环境密切相关，从某个角度反映了社会状况。

第三，高校思想政治教育价值的评估是一种社会性活动。高校思想政治教育本身是一项客观的社会实践活动，因此，它的评估活动也是一项客观的社会实践活动。高校思想政治教育价值的评估主体是统治阶级或社会集团，他们在一定程度上代表了社会发展的意愿、标准和尺度。如果高校思想政治教育起到了应有的作用，它在一定程度上也代表了社会的整体需求，那么各种要素均呈现出鲜明的社会性属性。

2. 历史性

高校思想政治教育价值的历史性是指其随着历史的发展演变而产生相应变化。这里主要包含三个方面的内容：

第一，高校思想政治教育价值的主体随着历史变迁而变化发展。作为价值主体的人同时也是社会的一员，在社会不可逆转的发展潮流中，人的认知、情感、信念、意志、行为都会随之变化。

第二，高校思想政治教育价值客体随着历史演变而发展变化。社会进步推动生产力和科学技术不断发展，多媒体的应用、网络的普及、以人为本的理念使高校思想政治教育充满时代性和生命力。

第三，高校思想政治教育价值随着实践的深化而发展变化。在人们的实践能力逐步提高的大背景下，高校思想政治教育价值在社会中的原有地位会发生改变，如高校思想政治教育的发展价值将受到更多重视；新的价值表现形式也会纷纷出现，如高校思想政治教育的生态价值和人才开发价值等。

（三）阶级性和实践性的统一

1. 阶级性

我国的社会主义性质决定了中国共产党是为无产阶级服务的政党，中国共产党长期重视高校思想政治教育，从来不回避其政治性。在实践中，我们始终坚持以马克思主义理论为指导，把造就和培养社会主义新人、促进人的全面发展作为高校思想政治教育的根本目标。

2. 实践性

高校思想政治教育只有经过具体实践才能彰显出它的价值。高校思想政治教育价值的实践性，指通过具体的社会实践活动，来开展高校思想政治教育活动，从而实现它的价值。这里主要包含三个方面的内容：

第一，高校思想政治教育价值的产生源于社会实践。主、客体关系必须在实践者与实践活动的关系中确立，通过主体的实践活动来实现高校思想政治教育的价值，而主体在这一过程中满足了自身需求。

第二，高校思想政治教育价值的存在和发展有赖于社会实践。没有实践，高校思想政治教育就如同没有土壤的大树，就会像空中楼阁一样飘摇不定，缺乏生长基础，既不能将已有的价值关系继续维持下去，也不能推动这个已有的价值关系向更好的方向发展。

第三，高校思想政治教育价值评价只能在实践中完成。要对高校思想政治教育价值做出公正客观的判断，只有通过参与客体的实践活动、考察主体的实践行为等途径来完成，其过程本身便是一项实践性活动。

三、高校思想政治教育价值的类型

划分或分解是逻辑学中明确事物外延的有效方法，能够帮助我们进一步认识事物的本质属性。高校思想政治教育价值内容丰富、形式多样，可以按照不同的标准和视角将之划分为不同的类型。

（一）按层次分类

1. 理想价值与现实价值

按价值的实现与否划分，高校思想政治教育价值可分为理想价值和现实价值。高校思想政治教育的理想价值是指将来有可能实现但目前尚未实现的价值。当前，我国高校思想政治教育的理想价值是在中国特色社会主义理论体系指导下，具有共产主义道德品质的广大人民群众在促进社会全面发展的同时实现自身的全面发展。高校思想政治教育的现实价值是指已经实现或正在实现的价值。高校思想政治教育的教育对象的思维观念的转变、心理困惑的消除、良好习惯的养成都是现实价值的外在表现。

高校思想政治教育的现实价值和理想价值相互联系、相互促进。现实价值是理想价值的实现基础，主体只有在实现现实价值后才具备实现理想价值的条件。理想价值是现实价值的目标指向，对现实价值具有激励、促进和引导作用。

2. 直接价值与间接价值

高校思想政治教育的价值有的是以直接的方式实现的，有的是以间接的方式实现的。从这个角度划分，高校思想政治教育价值可分为直接价值和间接价值。

高校思想政治教育的直接价值是指高校思想政治教育活动满足人的意志、观念、情感、信仰等精神需要，不需要中间环节而直接引起高校学生的思想变化。高校思想政治教育者将社会要求的政治思想、道德规范传递给高校学生，调动他们的工作创造性和劳动激情，促进他们思想道德素质的提高，使其精神状态发生积极改变，这都属于高校思想政治教育的直接价值。高校思想政治教育的间接价值需要经过直接价值的转化才能够实现，指的是高校学生在高校思想政治教育的激发下，将精神动力转化为良好行为，以促进社会的进步和发展。高校思想政治教育是作用于人脑的实践活动，因而，可以说高校思想政治教育直接作用于人的思想，也就是精神世界；间接作用于人的行为，也就是物质世界。物质世界和精神世界本身有着千丝万缕的联系，因此，高校思想政治教育的直接价值和间接价值也有着密切的联系。直接价值是间接价值的基础和起点，它为间接价值提供支撑；间接价值是直接价值的拓展和延伸。高校思想政治教育要在实现直接价值的基础上实现间接价值，在实现间接价值的过程中体现直接价值。

3. 长期价值与短期价值

按价值的持续时间划分，高校思想政治教育价值可分为长期价值和短期价值。高校思想政治教育的长期价值是指高校思想政治教育活动可以在较长时间内产生良好的教育效果，对人和社会的影响较为深远，如马克思、恩格斯等革命导师的经典著作和奋斗精神，影响着许多人的一生，引起了世界格局的巨大改变，具有经久不衰的独特魅力。高校思想政治教育的短期价值是指高校思想政治教育活动能够在较短的时间内取得成效，满足主体的需要。比如，在关键时刻对主体进行高校思想政治教育，能够迅速调动起主体克服困难的勇气和完成任务的积极性，从而顺利完成既定目标。尤其是在处理突发性事件和群体性事件上，短期价值更不可小觑。

高校思想政治教育的长期价值和短期价值都非常重要，我们应当从短期价值着手，在其基础上对高校学生进行持续性的教育和引导，力求实现长期价值；在长期价值的实现过程中，尽可能多地创造短期价值，在多次价值实现中强化高校思想政治教育效果，满足人和社会不同方面的需求。

4. 继承性价值与发展性价值

按价值的实现效果划分，高校思想政治教育价值又可分为继承性价值和发展性价值。高校思想政治教育的继承性价值是指高校思想政治教育活动使国家和社会的良性运行状态得以维持，保证人的思想道德品质不受干扰和破坏。在国际政治、经济势力博弈和东西方文化交融的时代背景下，如何充分发挥高校思想政治教育的继承性价值，保持中华民族的传统美德和奋斗精神就显得尤为重要。高校思想政治教育的发展性价值是指高校思想政治教育推动社会向更高的目标或更好的状态迈进，推动人的思想道德水平不断提升，帮助人和社会取得创造性成果。通过高校思想政治教育，中国人民与时俱进、不断创新，确立构建和谐社会的目标，形成了奥运精神和抗震救灾精神等，充分展现出高校思想政治教育的发展性价值。

继承性价值是发展性价值的源头，一定时期的发展性价值总是在继承性价值的基础上产生的，并最终因时间的流逝成为另一个时代的继承性价值。发展性价值是继承性价值的延伸，高校思想政治教育要不断寻求发展性价值。

（二）按形态分类

1. 正面价值与负面价值

按价值的性质划分，高校思想政治教育价值可分为正面价值和负面价值。高校思想政治教育的正面价值是指高校思想政治教育活动较好地推动了人的思想政治品德向更高层次发展。在我国，高校思想政治教育者按照党和国家的总体目标，根据高校学生的实际需求，有针对性地选择内容和方法，开展高校思想政治教育活动，大多获得了正面价值。

高校思想政治教育的负面价值有两个层面：

（1）零价值。零价值即高校思想政治教育活动没有达到高校思想政治教育的目的，对人的思想品德也没有任何改变。如果高校思想政治教育活动只是为了应付领导和上级部门的检查，停留在"追潮流、走形式、搞过场"上，大量的时间和精力只能白白浪费，零价值现象就会出现。

（2）负价值。负价值即高校思想政治教育活动妨碍了高校思想政治教育目标的实现，甚至破坏了原有的高校思想政治教育成果。近年来，少数高校思想政治教育者欠缺理论水平和奉献精神，存在欺上瞒下、弄虚作假、投机取巧等行为，严重损害了高校思想政治教育的形象，其负价值显而易见。

2. 真实价值与虚假价值

按价值的真假划分，高校思想政治教育价值可分为真实价值和虚假价值。可以这样理解，任何实践活动都不一定能取得预定的成果，对于高校思想政治教育而言，这个道理同样适用。

高校思想政治教育的真实价值是指高校思想政治教育达到了预期的目的，高校思想政治教育的属性和功能满足了人和社会的需要。真实价值必须符合两个条件：一是教育对象具有接受高校思想政治教育的内在需要；二是高校思想政治教育对号入座，其属性正好能与所面对的教育对象的需要相契合，自身功能也得到充分发挥。

高校思想政治教育的虚假价值是指人和社会某种需要的满足，并非来自高校思想政治教育的自身属性和功能，而是从其他附加物中获得的。忽视主体尺度和客体属性的结合，顾此失彼，或二者全然不顾，就会导致高校思想政治教育真实价值的缺失。比如，有的高校思想政治教育者一味迎合高校学生的口味，满足他们猎奇、搞笑、放松心情等需求，形成了轻松活跃的课堂气氛并获得学生们的良好反馈，这种情况对判断价值具有一定的迷惑性。实际上，高校思想政治教育的理论品质被掩盖而没有发挥其应有作用，无法触及和关注高校学生内心的高校思想政治教育需要，从而产生了"以故事代替理论、以笑声代替思考"的高校思想政治教育虚假价值。

3. 目的性价值与工具性价值

按价值的取向划分，高校思想政治教育价值可分为目的性价值和工具性价值。高校思想政治教育的目的性价值是指高校思想政治教育引导人正确地认识自身的发展诉求，充分发挥人的主体性、能动性和创造性，最终实现人的全面发展。高校思想政治教育的工具性价值是指高校思想政治教育作为无产阶级统治的工具，培养出符合社会主义国家意志和社会要求的人，以此来维系社会生存，促进社会发展，实现社会有效管理。

工具性价值和目的性价值在高校思想政治教育中是内在统一、不可分割的。

4. 显性价值与隐性价值

按价值的表现方式划分，高校思想政治教育价值可分为显性价值和隐性价值。高校思想政治教育的显性价值是指高校思想政治教育效果通过语言或行为向外界充分展现，成为价值判断和评估的依据。通过高校思想政治教育，人们认识到自身的不足或错误，继而做出明确的语言或行为反馈，如学生们下定决心努力学习、争取最好成绩等。

高校思想政治教育的隐性价值是指高校思想政治教育效果相对而言比较隐蔽，并没有像显性价值一样，通过某种途径或载体表现出来，而是对其效果暂时无法妄下结论，处于无法加以评判或考量的隐蔽状态。比如，一些高校学生在接受高校思想政治教育后，虽然在思想观念上有一定的效果和变化，但是却没有通过行为表现出来，也没有明确的教育效果的信息反馈。此时，高校思想政治教育者就无法很快获知高校思想政治教育活动是否起到了有效的作用，以及起到多大的作用，也就无法判定和衡量其价值。这种潜藏的价值状态就是高校思想政治教育的隐性价值。

（三）按群体分类

社会、集体和个体是现实世界中不同的实践主体，所有的实践活动都是由这三类主体完成的。社会实践活动的主体多种多样，高校思想政治教育作为一种客观的社会实践活动，其活动主体也具有多样性，从这个角度可以以将高校思想政治教育价值划分为社会价值、集体价值和个体价值。

1. 社会价值

高校思想政治教育的社会价值是指高校思想政治教育以其属性和功能满足社会主体的需要。

（1）政治价值。在高校思想政治教育的各种各样的价值当中，政治价值居于首要地位，并起着导向作用，它决定着一个人的政治立场，折射出我国的社会主义性质。高校思想政治教育是作用于人脑的实践活动，它通过传播主流政治意识，使个体达成一致的政治认同；同时，它对精神文化进行一定的约束，营造舆论氛围，继而引导政治行为，达到维护社会稳定的目的；通过政治文化的传承、创新和变革，使政治关系更加和谐；通过培养一代新人，造就政治人才，构建合理完善的政治机构，促进政治关系的再生产。总而言之，高校思想政治教育在维护当前政治稳定、促进上层建筑发展的过程中，起着十分重要的作用。这种作用表现为：加强高校思想政治教育可以扩大政治认同，形成政治共识；维护政治稳定，平衡利益冲突；营造舆论氛围，进行社会动员；造就一代新人，促进政治发展。总之，高校思想政治教育正是通过培养人、造就人，提高人的素质，促进社会的政治发展。

（2）经济价值。高校思想政治教育的经济价值是指高校思想政治教育通过调动高校学生的积极性，促使其毕业后主动参与经济建设，以促进经济发展的价值。

市场经济受价值规律的制约，因而，市场经济是自由的经济，如果没有了政府的宏观调控，缺乏必要的社会规范和道德的监督和约束，那么就很容易出现市场秩序混乱不堪、不正当的经济竞争频繁发生的现象，以至于出现经济垄断的极端局面，这就很难确保自然资源和生态环境得到合理使用，最终导致经济发展停滞。高校思想政治教育对社会主义市场经济发展的促进作用体现在以下方面：

第一，培养具有良好品德的经济建设人才。高校思想政治教育虽不传授经济领域的专业知识，但可以对经济建设人才进行经济道德、规范、法则等的教育，指导他们开展符合国家和人民利益的经济建设行为，为社会主义经济的发展提供人才保证。

第二，优化经济发展环境。高校思想政治教育在关系到精神文明建设的同时，还关系着经济文化、经济伦理和经济思想，它引导人们进行合理的经济竞争，并提倡人们树立合理、科学的消费观，响应党的号召，为自然、社会、个人谋求全面、协调、可持续的发展，促进形成有利于经济进步的认识环境、道德环境和社会心理环境，从而为人类的更好发展做出贡献。

（3）文化价值。高校思想政治教育的文化价值主要在于对教育事业的整体促进和对社会主义人才的培养。

第一，文化选择价值。高校思想政治教育的文化选择主要表现在两个方面，一是肯定选择价值，二是否定选择价值。肯定选择就是吸收、继承和弘扬与高校思想政治教育目的和方向一致的文化因素；否定选择就是排斥、抵制和摒弃与高校思想政治教育目的和方向相悖的文化因素。

第二，文化创造价值。高校思想政治教育帮助成才者选择成才目标、养成良好的思想政治品德、进行创造性思维训练，培养具备创新精神和创造能力的社会主义建设人才。

（4）生态价值。高校思想政治教育的生态价值是由高校思想政治教育实践活动创造的，最终也要转化为现实的生态行为。高校思想政治教育的生态价值主要体现在三个方面：

第一，对良好生态行为的导向和强化。高校思想政治教育倡导正确的生活方式，鼓励学生全面参与生态环境建设并树立榜样，努力在全社会形成提倡节约、爱护生态环境的行为导向。

第二，对不良生态行为的辨别和纠正。高校思想政治教育提倡人与自然和谐共处的原则与方法，辨别各类行为是否有助于保持生态平衡，及时发现并纠正违背生态科学发展规律的错误行为，指导人们在实际生活中互相监督和自我约束。

第三，高校思想政治教育引导人们树立科学的生态世界观，增强生态责任感，是高校思想政治教育生态价值的重要方面。

2. 集体价值

所谓集体，就是由多位成员组成的集合体，高校思想政治教育的集体价值是指高校思想政治教育活动对这个集合体存在和发展需要的满足。集体价值的大小就是满足程度的大小。个体价值与集体价值的关系正如个体与集体的关系，个体价值凝聚成集体价值，并推动着集体价值更加优化。高校思想政治教育的集体价值主要体现在以下方面：

第一，强化集体认知。高校思想政治教育让每一位成员都充分认识到集体是连接个人与社会的重要纽带，是个体自我价值实现和全面发展的平台；认同集体的价值观念和行为准则，认可其对成员的制约和影响；支持集体的发展规划，确认集体目标的科学性和合理性。

第二，深化集体情感。集体情感是集体成员对集体的一种综合情感，不是理性的推导，而是日积月累形成的非理性结果，而高校思想政治教育的人性化优势能够使集体成员渴望成为集体中的一分子并以此为荣，在集体面临困难时不离不弃，与集体共渡难关。

第三，坚定集体信念。高校思想政治教育能够维护集体成员的忠诚度、责任感和荣誉感，增强自信心和自豪感，鼓舞成员以高昂的斗志齐心协力地应对外来竞争，坚信集体目标一定会实现。

3. 个体价值

高校思想政治教育的个体价值是指高校思想政治教育对以个人为单位的个体需要的满足。具体来说，个体价值的内容包括能否实现个人利益、对个体需要满足的程度等。高校思想政治教育的个体价值让人们清楚地认识到，高校思想政治教育不是一种外来的强加于人的东西，而是与人自身的生存和发展息息相关的。现代高校思想政治教育的个体价值具体表现在以下方面：

（1）决定高校学生的政治方向。在新阶段，加强对高校学生的思想政治教育，提高他们的思想政治素质，把他们的思想和行为引向积极、健康的方向，有利于培育社会主义合格建设者和可靠接班人，实现中华民族伟大复兴。高校思想政治教育通过先进的理论，使高校学生形成科学的世界观、人生观和价值观，促进个体的社会化，使其成为这个时代所要求的人才，这也是高校思想政治教育的必然逻辑。

（2）激发高校学生的创造力。高校思想政治教育在培养、激发和增强人的能力，尤其是创新能力方面发挥着重要作用。它通过运用多种手段，激发人的行为动机，启发人的思想觉悟，调动人的积极性、主动性和创造性，帮助高校学生形成和提高自己的创造力，并在此基础上促进个体价值的实现。

（3）完善高校学生的人格。高校思想政治教育依据人的思想动机与行为的相关性，一方面，通过普及科学知识，灌输科学理论，使学生明确自己的奋斗方向；另一方面，坚持理论联系实际，加强社会实践活动，通过这种特殊的实践形式，使学生意识到思想政治教育的巨大作用，从而实现高校思想政治教育的价值和学生自身的价值。

四、研究高校思想政治教育价值的意义

一门学科，只有经过详细的研究，总结前人的理论成果和实践经验，才能更好地为将来的具体实践做指导。高校思想政治教育这门学科也不例外。明确高校思想政治教育的价值是高校思想政治教育立足的基础，直接影响着高校思想政治教育何去何从、是否能很好地发挥作用、是否能继续走下去。高校思想政治教育价值理论的研究，有着重大的理论意义和实践意义。

（一）丰富高校思想政治教育价值的理论

20 世纪 80 年代，高校思想政治教育理论和实际工作者开始了对高校思想政治教育价值理论的研究。经过二十多年的发展，高校思想政治教育价值研究取得了可喜成绩，除了大量的论文以外，许多学术专著都设立专章对高校思想政治教育价值问题进行论述，将高校思想政治教育价值研究引向深入，如武汉大学马克思主义学院教授项久雨的《高校思想政治教育价值论》。该书构建起高校思想政治教育价值理论的科学体系，成为系统研究高校思想政治教育价值的拓荒之作。当前，高校思想政治教育价值理论期待着新的研究成果。加强对高校思想政治教育价值的研究，是丰富和完善高校思想政治教育价值理论的必经之路。一方面，研究高校思想政治教育价值能够对原有的理论体系和观点进行再次验证，根据客观实际的变化调整或修正不符合时代发展的内容，维护原有理论的真理性；另一方面，将通过研究高校思想政治教育价值所产生的新理论补充到原有理论体系中，能够给高校思想政治教育价值理论体系增添新的内容、提供新的方法、展现新的视角，保持高校思想政治教育价值理论的时代性和生命力。

（二）完善高校思想政治教育学科的理论体系

前人的高校思想政治教育活动经验为我们提供了不少研究资料。意识对物质能动的反作用告诉我们，正确的高校思想政治教育理论对指导实践有着重要的意义。高校思想政治教育价值理论是高校思想政治教育学的一个重要组成部分，它和实践部分共

同构成了高校思想政治教育学这门学科。因此，研究高校思想政治教育理论对于推动高校思想政治教育学科的纵深发展具有重要意义。具体而言，表现在两个方面：

第一，研究高校思想政治教育价值，为全面研究高校思想政治教育这门学科做了准备，使整个高校思想政治教育理论体系更加完善，也使研究人员对其他相关资料的研究有迹可循。继而推动该学科各方面理论的整体进步，从整体上间接完善学科理论体系，使高校思想政治教育形成一个相对全面、完整的整体。

第二，高校思想政治教育价值研究对高校思想政治教育学科理论体系的完善具有直接作用。高校思想政治教育价值理论的研究将高校思想政治教育的地位、作用进行逻辑抽象和理论升华，系统地揭示了高校思想政治教育活动对人和社会产生效应的特征、内容、实现机制等，为理论体系注入新的内容，填补原有空白。

（三）为高校思想政治教育实践提供理论支撑和理论指导

高校思想政治教育价值研究对实践的理论支撑体现在两个方面：第一，帮助人们正确认识高校思想政治教育的价值，为高校思想政治教育实践活动提供必要性和可行性证明。第二，提高人们参与高校思想政治教育活动的热情和兴趣，鼓励高校思想政治教育者和学生共同完成教育活动，实现教师和学生的共同进步。

高校思想政治教育价值研究从三个方面对实践进行理论指导，具体内容为：第一，指导高校思想政治教育者根据不同学生的价值需要进行价值选择，有效配置教育资源、建设教育环境、选择教育内容和方法，增加高校思想政治教育实践的针对性；第二，指导人们在高校思想政治教育价值创造和价值实现的各个环节中做出正确的行为，及时发现并纠正不当行为，保证实践活动的方向不偏移；第三，指导人们合理运用价值评价原则、标准和方法，进行科学的高校思想政治教育价值评价。

第二章 高校思想政治教育的有效教学

第一节 高校思想政治教育有效教学的教育理念

一、"以人为本"的教育理念

"以人为本"作为一种教育理念，要求高校思想政治教育工作者在这个前提下探索有效方法，促进高校学生思想政治素质的提高。现在，高校思想政治教育在贯彻"以人为本"理念的研究与探索中已经取得了一定的研究成果，这些成果从不同的方面、层次和角度，对高校思想政治教育做了有益的探索，对教育实践产生了一定的影响。研究高校思想政治教育"以人为本"的教育理念要从其内涵研究入手。

（一）"以人为本"的含义

随着和谐社会建设的推进，以人为本、加强人文关怀和心理疏导，将是实现思想政治教育有效教学的重要教育理念。因此，探寻以人为本的应用理论和形态将是十分有益的。"以人为本"的内涵非常丰富，下面我们将一一进行探讨：

我国古代就提出了"以人为本"的概念。在我国最早明确表述"以人为本"的是管仲，《管子·霸言》中说："夫霸王之所始也，以人为本。本理则国固，本乱则国危。"管仲这里说的"以人为本"更多地被我国古代的思想家表述为"以民为本"。例如，贾谊的《新书·大政上》写道："闻之于政也，民无不为本也。国以为本，君以为本，吏以为本。"以及"民为贵""民者，君之本也"等。但"以人为本"和"以民为本"毕竟是有区别的，"以民为本"是具有积极意义的中国传统文化的理论学说；"以人为本"是马克思主义经典学说中关于人的思想的最本质的体现。在经济发展中，"以民为本"是将仁义道德放在物质利益之上，"以人为本"在经济上以不断满足和丰富群众的物质生活为基础和前提；"以民为本"是中国古代封建统治者治国利益需要的术略，"以人为本"则体现了广大人民群众的根本利益，以发挥广大人民群众的创造性为需要。马克思主义学说中也有关于"以人为本"内涵的阐述。马克思主义的思想政治教育，以宣传和传播社会主义和共产主义思想，引导人们的政治态度，解决各类思想问题，提高思想道德和心理素质，完善人格和调动积极性为根本任务，与人类社会历史上一切剥削阶级的思想政治教育有着本质上的差别。马克思主义科学思想政治教育观一直认为，思想政治教育作为一门应用学科，就本质而言，是对人们进行的以思想政治教育为核心，以思想教育、道德教育和心理教育为重点的综合教育实践，最终目标是培养人的社会主义思想，塑造每个人的社会主义理想人格，引导人做出正确的选择。因此，以人为本，做好思想政治教育工作，是建立在清楚认识马克思主义哲学人本理念的基础上的。人民群众是实践主体，思想政治教育首先要以人民群众为实践之本。一切实践活动都是由人民群众进行的，人民群众是一切实践活动的主体。思想政治教育要始终依靠人民群众开展社会实践活动，注重增强人民群众参与社会实践活动的思想共识，加强社会实践活动主体思想与行动的协调性，不断激发和调动人民群众的积极性、主动性和创造性，增强社会实践活动的精神动力，把精神力量转化为物质力量，促进人民群众的社会实践活动不断深化和发展。

我党一直把"以人为本"作为为人民服务的根本宗旨，"以人为本"是以实现人的全面自由发展为目标，从人民的根本利益出发，谋求社会的发展，在发展中不断满足人民群众日益增长的物质文化和精神文化需要。科学发展观中的"以人为本"就是要在发展中尊重人、理解人和关心人，把"以人为本"作为发展的最高价值取向，把满足人的全面发展需求、促进人的全面发展作为发展问题的根本出发点。党的十六届三中全会通过的《中共中央关于完善社会主义市场经济体制若干问题的决定》中明确提出："坚持以人为本，树立全面、协调、可持续的发展观，促进经济社会和人的全面发展。"这为"以人为本"提出了新的要求。"以人为本"的论断是对科学发展观本质特征的深刻阐述，是新时期对马克思人学理论的继承和发展。总体上说，"以人为本"的理念与党全心全意为人民服务的根本宗旨和维护最广大人民的根本利益是密切相关、一脉相承的。

"以人为本"的内涵中还包括人的可持续发展。人的发展，既要注重当前的、现实的发展，又要注重长远的、可持续的发展。只有实现人的可持续发展，才能实现人们人生发展的最大价值，也才能为社会的可持续发展奠定最重要的人才基础。人的可持续发展，就是要发现和挖掘人的发展的巨大潜力，增强人们自我持续发展的意识和能力，建立人的发展的长效机制。思想政治教育要引导人们正确认识和处理自我发展与社会发展、现实发展与长远发展的关系，克服发展的短期行为，根据社会和科学发展的需要，适应学习型社会和学习型组织的要求，不断充实和更新自身的知识结构，增强持续发展的坚定意志，克服发展中面临的种种困难和障碍，实现自身的可持续发展。

（二）高校坚持"以人为本"教育理念的意义

1. 有利于增强高校学生的社会实践能力

坚持以人为本，是思想政治工作的本质要求。思想政治工作的本质和使命，就是向人民群众进行先进的、科学的思想理论灌输，进行党的理论、路线、方针、政策教育，把马克思主义的立场、观点和方法变成人民群众自觉的思想和行动。高校思想政治工作坚持以人为本，就是以学生的全面发展为目标，重视学生的价值，肯定学生的作用，坚持从学生的需求出发，充分激发和调动学生的积极性、主动性和创造性，促进学生实现由被动向主动、由不知到知、由知到行的转化，最终完成思想政治工作。高校思想政治教育的任务之一是教育广大的青年学生，把这些学生培养成为社会主义合格建设者和可靠接班人。思想政治教育是一种主观见之于客观的实践活动，属于以人为对象的社会实践活动。思想政治教育一定要让广大青年学生真正"动"起来，走出课堂、感受社会、践履道德、参加社会调查、参与社会服务、深入基层、进入社区农村。"以人为本"的思想政治教育理念促进了高校学生由知到行的转化，对于高校学生将来进入社会有重要的意义。

2. 有利于教师展示自己的人文关怀

有人认为："思想政治教育作为一种培养人、塑造人、发展人、完善人的社会性教育活动，是以人作为其出发点与落脚点。它不仅承担着引导人们进行价值追问与价值决断的责任，还帮助人们解读人生的终极意义。"有人认为："所谓人文关怀就是对人性的关怀。思想政治教育中的人文关怀就是教育的内容、形式和目标都要符合人性的发展规律和需要，能够促进人的天性自然成长，使教育对象成长为真实的自己，实现自我。"其实，所谓人文关怀，总结起来就是以促进人的生存和发展为目标，尊重和满足人的主体地位和个性需求，培养人的主体意识和自觉能动性，进而推动人的健康成长和全面发展。

当代思想政治教育人文关怀方法的根本指导思想是以人为本。在思想政治教育方法论中，就是要以教育对象为本，以满足和服务于教育对象的发展和需要为出发点和落脚点，即要尊重人、理解人和关心人。随着社会经济的发展和社会阶层的日益分化，以及高等教育的大众化，教育对象群体尤其是高校学生日益复杂和多样化，他们呈现出更多的问题，如有心理问题的、学业问题的、人际交往障碍的人越来越多。这就需要教师运用专业知识和能力为高校学生的发展提供专门服务，特别是要给高校学生心灵上的抚慰，帮助高校学生提高适应社会环境的能力，减轻学业压力，走出情感困境，为他们提供心理咨询和健康服务，在服务中体现"以人为本"的理念，认真聆听高校学生的倾诉，分担其痛苦和喜悦，提供解决其困惑的良好方案，使高校学生得到良好的发展。

3. 有利于增进师生之间的互动

思想政治教育归根到底是做人的工作，包含着对学生的心理培育和行为引导，关系到学生的人格塑造和思想成长。近年来，虽然高校思想政治教育的理念有了很大的改进，但是总体来说，在实际的政治理论教育教学过程中，学生的主体作用发挥欠佳，这表明传统教学模式的不利影响还是根深蒂固的。

随着时代和社会的发展，当代高校学生生长在复杂而又充满矛盾和价值冲突的多元文化环境中，高校学生的民主、平等、自尊、自强、自我发展的意识越来越强烈，以前那种理想化的价值标准和价值要求"口号式"地规划教育对象的思想和行为的做法，引起了高校学生的逆反心理，不能达到思想政治教育的预期目的，这就必然促使高校思想政治教育工作朴实化、平民化和具体化。在传统教学过程中，教师是绝对的主体，而学生是绝对的客体，整个教育过程缺乏主客体之间的互动。教师不能因材施教、了解学生，学生也以自我理解为主。作为受教育者的学生与作为教育者的思想政治教育工作者之间缺乏面对面的交流和个性化的沟通，直接影响了思想政治教育教学的质量，严重制约了教学实效性的提高。从高校学生的思想实际出发，改进教育教学理念，是思想政治教育教学面临的一个重大改革。

在思想政治教育活动中坚持"以人为本"的原则，不但是社会进步的基本要求，而且是思想政治教育本质特征的要求。思想政治教育是统治阶级以其社会成员为对象，促使社会成员形成符合社会要求的思想观念的政治教育实践活动，促进人的全面发展，是一种"从人出发，为了人，通过人而完成"的活动，是纯粹的"人"的活动。高校开展思想政治教育活动，必须先认识教育对象，把握高校学生思想观念形成的过程，研究高校学生思想观念发展的规律，以掌握思想政治教育的主动权，使之有理有效，这是思想政治教育的本质规定。"以人为本"是相对于以神为本、以物为本而言的，是人类社会发展的必然诉求。教师可以通过解决高校学生日常生活和学习中的实际困难，关心其心理、恋爱、就业等方面的具体问题，改变传统思想政治教育理想化的"价值认同"，注意把高校学生正当的利益需要与"价值认同"有机契合，这就需要教师改变过去那种"高高在上"的地位，把身份转换成为高校学生提供服务和帮助的工作者。另外，教师不仅要把自己变成服务者，更重要的是，教师要理解学生。当一个人设身处地思考他人的境遇时，就会产生一定的心理体验，就会了解别人的感受，产生快乐、同情、憎恨等情感，即理解他人的言行和所作所为。在思想政治教育中，教师要理解高校学生的生存状况、心理问题和发展需求，并通过一系列方法帮助高校学生获得自主意识、走出困境，促进其健康发展。

（三）高校"以人为本"教育理念的要求

高校教育中用"以人为本"的教育理念来开展思想政治教育教学工作，重要的是要正确把握"以人为本"的理念。把人作为一切工作的出发点，一切努力都是为了人的发展。在思想政治教育的具体实施过程中，要依据"以人为本"的教育理念来设置思想政治教育的内容；同时运用"以人为本"的教育方法，把握"以人为本"的主体，以取得理想的教育效果。

1. 理解并贯彻"以人为本"的理念

在深入理解"以人为本"教育理念的基础上，还要贯彻"以人为本"的教育理念。在贯彻过程中要注意处理好以下问题：

高校的思想政治教育一定要以人的全面发展为工作宗旨，纠正以往存在的思想政治教育只是单纯为了服务于政治宣传的固有观念。传统意义上的思想政治教育确实是政治统治的需要，它可以作为思想政治宣传的手段，过去我们也是这样做的，一直认为思想政治教育最为重要的职能就是调动人的积极性，以便更好地服务于社会经济文化的发展和阶级统治的需要，一直坚持人的全面发展是社会发展下自然应该获得的状态。伴随着"以人为本"理念的提出，这种偏离思想政治教育本质的不科学的观念才被广泛地质疑。其实，马克思主义理论并不反对人的发展和社会的发展的辩证统一性，反而认为它们是同等重要的，它们之间是互为前提和基础的关系。只有从过去片面的观念中跳出来，才能在实践中真正地坚持"以人为本"，才有利于在思想政治教育过程中贯彻实施"以人为本"的教育内容和教育方法。

思想政治教育促进高校学生的全面发展，就是要使高校学生的思想政治素质、科学文化素质、身心健康素质等方面都得到全面发展，重点是要通过提高高校学生的思想政治素质来带动和促进高校学生的全面发展，进而提高整个中华民族的思想政治素质和科学文化素质。高校思想政治教育要始终以满足高校学生的思想道德发展需要、促进高校学生的全面发展为根本，这是检验高校思想政治教育是否以人为本的重要标准。

高校在开展思想政治教育中一定要牢固树立"以人为本"的理念。众所周知，人的科学的、正确的思想观念不是通过几次教育就能形成的，况且人的思想观念又处于不断变化中，而社会需要的思想道德要求更是处于不断发展变化中。因此，这一切都决定了始终坚持"以人为本"教育理念的重要性。高校教师要在长期的教育教学中，摒弃把思想政治教育当作一种短期行为的形式主义，要寻找方式方法，始终坚持思想政治教育"以人为本"的价值追求。教师要用高尚的道德情操熏陶和感化学生，要用言行一致的品质、精益求精的教育态度，影响和激发学生的道德感、责任感；要抓好教育引导工作，营造积极、健康、向上的校园文化氛围，主动、广泛、深入地开展各种活动，寓思想政治教育于活动之中。运用多样、灵活的激励手段鼓舞学生，实现思想政治教育方法由单向灌输转变为教师与学生的双向对话，以实现双向对话过程中双方德行共同成长的目标。

2. 把握"以人为本"的主体

高校坚持运用"以人为本"教育理念进行教育教学，就要正确把握"以人为本"的主体。简单地说，高校教育教学的主体无非三类：教师、学生和管理者。以人才为本，即以教师为主体；以育人为本，即以学生为主体；以服务为本，即以管理者为主体。

只有真正把握"以人为本"的主体，才能践行一切为人的发展目标，才能更好地体现"以人为本"的教育教学思想。

以教师为主体是高校思想政治教育教学发展的前提条件。教育教学质量是高校教育事业发展的生命线，高质量的教学需要高质量的教师，高素质的教师队伍也是全面推行"以人为本"教育教学的基本保证。所以在实践中要加强对教师的培训力度，提升教师的业务水平和综合素质，尤其是道德修养、思想品格和执教能力。同时，高校教师有较高的人生价值追求，高校要不断完善教师的奖励机制，激发教师队伍的活力。学校要以尊重知识、尊重人才、尊重创造的姿态，尊重、理解、关注教师的思想、需要和情感，才能更好地发挥教师在教育教学过程中的主导作用。思想政治教育的实践性特征，还要求不断提高教师的教育教学实践能力，积极将思想政治教育与实践相结合，以期取得更好的教育教学效果。

以学生为主体是高校思想政治教育教学的工作核心。教师应充分理解高校学生的真实想法和合理需求，动之以情，晓之以理，对其合理的想法和需求尽量满足；对不能解决的问题，要讲清道理，既要努力化解矛盾，又要努力提高高校学生的思想认识和思想觉悟；启发高校学生的自主性、自觉性和自我教育意识，培养高校学生的自我教育能力，引导他们开展自我教育。

以管理者为主体是高校思想政治教育教学管理者开创管理工作新格局的核心需要。学校的管理水平影响着教育教学的质量，体现着学校综合的教学管理实力。学校管理质量的提高是优秀的教育思想、高水平的教师、先进的教学设备、充足的教育经费、科学化的管理体系等综合作用的结果。

首先，管理者要树立以服务为本的意识，为教师服务，为学生服务。管理者特别要以"以人为本"的管理理念和以服务为本的管理意识，规范教学管理，发挥管理价值，注重实效，制定科学的教育教学制度。其次，在教育理念、教学内容、教学方式等方面构建新的模式，践行和谐、自由发展的教育服务理念，从而实现学校教育教学管理质量的全面提升。最后，从事行政教学管理的教职工要切实转变工作作风，改进工作方法，改善服务态度，自觉地为广大师生服务，为学校的思想政治教育教学工作营造人性化的管理氛围。

二、创新的教育理念

当今时代，是一个空前开放的时代，社会处于前所未有的开放融合过程中。在科技日新月异、经济全球化、社会信息化、信息网络化、文化多元化、价值取向多样化的社会转型重构中，世界日益成为一个紧密联系的有机整体。传统封闭式教育模式被打破，全方位、开放式的新型教育模式成为时代需要。高校思想政治教育由于其自身的特殊性，也必然需要顺应社会发展要求，把握时代走向，用创新的教育理念指导高校思想政治教育的转型与模式重构。高等教育的根本任务是培养人，高校思想政治教育能够在思想和精神上保证学生健康成长、顺利成才、成功就业。因此，高校思想政治教育要在教育理念上与时俱进，不断推进改革创新。

（一）创新高校思想政治教育理念的内容

1. 终身教育理念

终身教育理论的奠基者保罗·朗格朗认为，现代社会变化的速度越来越快，"每隔十年，人们就面临着一场在物质、精神和道德领域内如此广泛的转变，以至于昨天的解释已经不再符合今天的需要"。树立终身教育理念，意味着要改变学校教育定终身的教育理念，随着成人教育、回归教育、继续教育成为终身教育的重要环节和方式，思想政治教育也要在这些环节和方式中成为重要的教育内容，并具有继续教育的特点和功能；意味着更要注重培养高校学生自教自律的习惯与能力；意味着要发挥高校思想政治教育的桥梁作用，既要"承"中学德育之"前"，又要"启"成人教育之"后"，要在学校和社会之间架起一座联系的桥梁，引导学生参与社会生活，适应社会发展的需要；意味着要发挥高校思想政治教育的整合功能，实现学校思想政治教育与家庭教育、社会教育的有机结合，整合各种思想政治教育资源，增强学生育德的自觉性。

2. 素质教育理念

教育的根本任务是育人，教育的根本宗旨就是提高人的素质，教育的本质就是素质教育。依据马克思、恩格斯关于"人的自由全面发展"理论，我国决定实施具有中国特色的素质教育的思想和模式。素质教育是以提高国民素质为根本宗旨，以培养学生的创新精神和实践能力为重点，以促进人的全面发展为目的的高质量教育。

高校素质教育的内涵主要包括思想道德素质、专业业务素质、身心健康素质和科学文化素质。另外，不同的素质会在整体素质的形成中发挥不同的作用。科学文化素质是基础，专业业务素质是主干，身心健康素质是条件，而思想道德素质是方向和灵魂。在思想政治教育中树立素质教育理念，就是要改变传统的应试教育理念，从以知识传授和理论传授为主向以提高思想政治素质为主转变，注重对学生创新精神和实践能力的培养；就是要切实促进学生德智体美的融合性、协调性发展；就是要培养学生的爱国主义、社会主义和集体主义思想，提高学生辨别是非的能力；就是要改革传统的教育方法，采用灵活多样的方式进行教育教学，充分发挥学生的主观能动性，培养学生独立思考的能力与创新能力。

（二）教师创新高校思想政治教育理念的方法

1. 教师要转变思维方式

创新是一个国家的灵魂，也是思想政治教育者的灵魂。思想政治教育是任何一个统治阶级或执政党的核心价值理念或主体思想的体现，不断保持对其教育理念的创新，是使思想政治教育充满活力、永葆青春的不竭动力。

教师的理念创新要实现由被动式思维方式向主动式思维方式转变。所谓被动式的思维方式，是一种依赖性的思维方式，也就是做什么事情都是"等""靠""要"，即等着别人来安排，靠别人来帮忙，向别人要办法。而主动式的思维方式则是一种创造性的思维方式，也就是做什么事情都是自己去开拓，自己去闯荡，自己去创新。当然，这并不是说要排斥与别人合作，而是强调个体的主动精神。被动式的思维方式对于进行新时期高校思想政治教育是非常不利的，它会使思想政治教育方法流于形式而很难取得实效。过去在思想政治教育领域，机械的上传下达已经成为一种固定的教育模式，当教师习惯了这种教育模式后，也就自然形成了被动式的思维方式。但是，被动式的思维方式已经不适应新的历史时期的思想政治教育工作的要求，甚至有碍于思想政治教育工作的有效开展，所以教师必须有意识地变被动式思维方式为主动式思维方式。

教师的理念创新不仅要实现由被动式思维方式向主动式思维方式的转变，而且，还要从单向型的思维方式向多向型的思维方式转变。所谓单向型的思维方式，是指在认识事物或思考问题时，只针对事物本身，从一点出发，沿着一个固定不变的方向发展的思维方式。单向型的思维方式一般具有简单性、静态性、片面性、封闭性的特点。而多向型的思维方式，则是指在认识事物或思考问题时，针对事物本身，从多个点出发，沿着多个不同方向发展的思维方式。多向型的思维方式是具有复杂性、动态性、系统性、开放性的思维方式。显然，单向型的思维方式不利于教师创新教育理念，而多向型的思维方式可以促进教师进行教育理念创新。

2. 教师要始终站在理论和实践的前沿

始终站在理论和实践的前沿，是实现思想政治教育创新的必要前提。教师只有善于学习，勇于实践，勤于思考，始终站在理论和实践的前沿，才能引导高校学生自觉把思想认识从那些不合时宜的观念、做法和体制的束缚中解放出来，从对马克思主义的错误的、教条式的理解中解放出来，从主观主义和形而上学的桎梏中解放出来，树立符合社会主义初级阶段基本国情、适应时代新变化和扎根于现代化建设实践的新观念。教师要用发展着的马克思主义指导发展着的实践，指导发展着的思想政治教育工作。

在高校思想政治教育工作中，对于那些新形成的、流行范围很广的理论和观念，教师要进行具体分析，认真鉴别。在对外开放和信息传播手段日益现代化的条件下，外来理论和观念纷纷涌进来。为了提高思想政治工作的科学性和实效性，教师必须辩证地看待外来理论和观念，积极引进和吸收有益的新理论、新观念，并且将其与我国具体国情相结合，经过科学的加工改造，使之变成我们的东西。

站在理论和实践的前沿，进行思想政治教育观念的创新，要求教师做到以下几点：

第一，善于及时、深刻地学习马克思主义的最新理论成果和党和国家的重大决策，以及与思想政治工作相关的各学科的最新知识，努力使自己成为新的思想理论和知识、信息的拥有者和传播者。第二，认真观察和深入调查，敏锐发现和及时掌握思想政治教育工作面对的新现象、新矛盾和新问题，使自己的思想观念跟上形势发展的步伐。第三，主动进行自我反思，勇于进行自我否定，突破思维定式，准确把握社会发展的趋势和高校学生对思想政治教育工作的需求。

（三）创新思想政治教育机制

教育理念的顺利实行，高校教育工作的顺利实现，都需要一定的教育机制作为保障。完善的思想政治教育机制确保思想政治工作系统各部分之间的有机联系、相互作用，确保思想政治教育的高效顺利施行，能使思想政治教育工作的方法落到实处。因此，高校应根据时代的要求不断创新、优化思想政治教育机制。实现思想政治教育机制创新，就是要建立、健全、完善和不断改进这些机制，使思想政治教育工作作为一个系统工程、一个有机整体，能够运行良好、协调有序，各个环节相互衔接，各个系统相互配合，符合科学、合理、有效的原则，实现思想政治教育的规范化和系统化。

1. 思想政治教育机制创新的意义

创新思想政治教育机制，是顺应时代潮流的必然选择。在新的历史时期，社会主义市场经济体制逐步完善、民主法制日益健全、文化科教不断繁荣，对思想政治教育工作提出了更高、更新的要求。思想政治教育工作仅靠传统的教育机制，已难以满足时代的需要。因此，只有坚持与时俱进，善于把握客观现实的重大变化，克服因循守旧、墨守成规的思想，大胆摒弃那些与时代和改革发展不相适应的条条框框，构建新机制，思想政治教育工作才能保持其旺盛的生命力。

（1）思想政治教育机制是解决思想政治教育基本矛盾的保障。教师所掌握的思想品德要求与学生的思想品德水平之间的矛盾，是思想政治教育的基本矛盾，它贯穿思想政治教育活动的始终。

在高校进行思想政治教育的过程中，各类人员要协调一致，坚持育人为本、德育为先，所有教师、管理人员都要切实把思想政治教育与业务工作结合起来，坚持教书育人、管理育人，形成持久的教育合力。但是现实情况是，教师的思想品德往往已经不能满足高校学生的要求，因此，教师把握高校环境所需的思想品德要求，实际是思想政治教育活动的难题。而要解决这一问题，只能依靠一定的思想教育机制，因此，只有针对思想政治教育的基本矛盾，全面创新思想政治教育机制，才能收到实效，达到素质教育的目的。

（2）创新思想政治教育机制，有利于加强高校人才建设。目前，我国高校的思想政治教育从体制上来看，基本形成了党委领导下的三级管理模式：在学校层面，由党委学生工作部统管；在院系层面，由总支负责；在基层，由班级和支部负责。这种模式有其合理性，整体而言，发挥的作用也是良好的，但随着新时期高校思想政治教育的发展和学生群体特征的变化，也出现了很多不适应现实的地方。高等教育体制的分工模式制约了"全员育人"的实现。

高等教育体制使我国高校学生培养被人为地分割为智育和德育，这集中体现在以下几个层面：在领导层面上，教学工作（智育）往往由一位副校长分管，思想政治教育或学生工作（德育）由一位党委副书记分管；在执行层面上，智育由教务部门执行，德育由思想政治理论课教学部门和学生工作部门执行；在德育内部，也被人为地分割为课堂内的思想政治教育和经常性的思想政治教育。这就导致思想政治教育无法在一个统一的思路和框架下进行。

从目前的实际情况看，高校全员育人的平台相对缺乏，全员育人的氛围尚未形成。学校的教学、科研、管理等方面或多或少地存在着与德育脱钩的现象。现有的体制无法有效地动员教师、管理人员和服务人员开展德育工作，"全员育人"只能流于形式。因此，为了实现高校"全员育人"的目标，必须创新思想政治教育机制，将智育与德育结合起来。要创新思想政治教育机制，教师不仅要全面研究和准确把握新形势下高校学生思想活动的新特点，还要进一步增强思想政治工作的主动性、针对性和实效性，引导高校学生正确认识当前教育改革中出现的新情况、新问题，引导他们正确处理学习和生活中的难题，这样才能进一步创新和规范思想政治工作的管理和运行方式，实现思想政治教育机制的创新，为高校人才建设提供可靠的思想保证。

2. 思想政治教育机制创新的内容

思想政治教育机制是指思想政治教育运行过程中各构成要素由于某种机理而形成的因果联系和运转方式。良好的机制是顺利开展思想政治教育工作的重要保障。正确、合理地创新思想政治教育机制，使思想政治教育切合广大高校学生的思想实际和工作实际，符合构建社会主义和谐社会的需要，符合思想政治教育规律的要求，推动各方面工作的顺利开展，必须做到以下几个方面的创新：

（1）创新控制机制。思想政治教育控制机制可以分为常态控制机制和非常态控制机制两类，分别用于对思想政治教育正常运行状态的控制和思想政治教育过程中各类突发状况下的预警控制。

常态控制机制主要包括沟通机制、时间管理机制和项目管理机制。这里主要介绍沟通机制的创新。沟通机制是控制活动最基本的手段，首先，高校思想政治教育者要加强工作系统内部的沟通，形成系统内部的协调一致；其次，要加强教育主体与客体之间的沟通，及时了解学生的思想和行为动态，掌握学生的接受情况和反馈情况；最后，要改善外部沟通，加强学校与社会各方面工作力量的整合，形成良好的工作氛围。

非常态控制机制的创新包括完善现有的以稳定为主的预警控制机制和逐步建立新

的预警控制机制。从危机管理理论和现代控制理论角度出发，针对一些可能发生的高校各类突发公共事件，建立一套成熟的预警控制机制是非常必要的。危机管理机制主要包括危机预防、危机处理和危机解决三个方面的内容，还需配套建立或发展危机管理的组织及制度，以应对未来可能发生的危机。尤其是在当前互联网自由开放的环境下，还要建立网络信息监控机制，规定网络各责任主体与其网络行为具有可追寻的对应关系，切实做好网上突发事件的防范和应急处置的准备工作，从而形成统一协调、快速反应、处置有力的网络信息监控机制。

（2）创新管理机制。思想政治教育工作效果的好坏，与其管理机制直接相关。创新思想政治教育工作的管理机制，就是要在"明确权责，科学管理"上下功夫，要建立健全党委统一领导、党政工团分工协作、党政主要领导亲自抓、一把手负总责、各级干部一岗双责的管理机制，形成以思想政治教育工作者为骨干、管理人员广泛参与的思想政治教育工作新局面。在纵向上，要做到管理目标逐层分解，责任逐级落实，真正形成目标同向、责任同担的合理的管理梯度；在横向上，要做到各组织、各部门齐抓共管，人人有责，通过建立联席会议制度、思想动态分析制度、工作效果反馈制度，构建主管明确、分工落实、协调有力、条理清晰、工作有序的周密的管理网络。总之，只有创新管理机制，提高管理水平，落实管理责任，思想政治教育工作才能取得良好的实际效果。

（3）创新渗透机制。思想政治教育中的渗透机制，不仅仅是一个方法问题，还反映了思想政治教育的本质属性。思想政治教育要遵循人的思想"渐次发展"的规律，把思想政治教育渗透到工作中去，与各项具体工作有机地结合起来，融合各种教育因素及中介，通过潜移默化的形式循序进行。

首先，思想政治教育工作者必须具备和强化渗透意识。渗透意识是指思想政治教育要与业务工作融合，离开了业务工作，思想政治教育就会失去依托。只有渗透到业务工作的各个环节中，才能及时了解高校学生的思想实际，才能有的放矢地做好工作，才能摆脱思想政治教育与业务工作"两张皮"的状态，避免出现"空头政治"。

其次，思想政治教育工作者要改变过去"孤军奋战"的局面，努力使家庭教育、社会教育、学校教育互相配合，形成纵横联系的教育网络，实现思想政治教育合力的最大化。家庭教育、学校教育、社会教育虽然各有其地位、作用和特点，但它们又是互相联系的。要取得良好的思想政治教育效果，必须实现三者目标的一体化，并形成环环衔接的"教育环"，努力做到相互配合、相互补充，从而使三者形成思想政治教育的最大合力。

最后，要把思想政治教育渗透到管理工作中去，使二者有机地结合起来。人们正确的世界观和人生观的形成，良好思想品德和行为习惯的养成，既要依靠长期的思想政治教育，也要遵循行之有效的管理。第一，只有把教育与管理结合起来，才能使党政工作配合得更好。第二，只有把教育与管理结合起来，才能适应多样化的现实社会。因此，在建立、健全必要的规章制度和实施管理的过程中，必须伴之以深入细致的思想政治教育。只有把教育与管理有机地结合起来，把思想政治教育渗透、贯穿管理的全过程，才能使贯彻各项规章制度变为人们的自觉行动，同时又用管理来巩固思想政治教育的成果，促使人们逐步养成良好的思想作风和行为习惯。

（4）创新评估机制。思想政治教育评估就是根据社会对思想政治教育的要求以及高校学生的实际，确立指标体系，运用测量和统计分析等先进方法，对思想政治教育的实际效果进行价值判断的过程。对思想政治教育工作的效果进行评估，是加强和改进思想政治教育工作的需要，还能为保证思想政治教育系统的有效管理和正确决策提供可靠的依据。

创新思想政治教育评估机制，就是要努力克服思想政治教育评估机制的随意性、片面性和模糊性，坚持科学的态度，采取同类分析、目标分析、过程分析的方法，坚持物质成果与精神成果、静态效益与动态效益、定性分析与定量分析的统一，日常考核与定期考核、过程考核与结果考核有机结合，进行多形式、多层次、多方面的综合性评估。通过创新评估机制，杜绝思想政治工作领域存在的粗放的工作方法，正确评价思想政治工作的价值和成果，促使思想政治工作走上规范化的发展道路。

在建立评估机制时，必须准确把握思想政治教育自身的特点：

① 综合性。思想政治教育内容的丰富性，决定了思想政治教育评估具有综合性的特点。设立的评估指标既要能反映物质成果，又要能反映精神成果。指标的设计应以人的思想、情感、态度等精神要素为主，还应包括物化后的成果，根据评估对象在德、勤、能、绩各个方面的表现，做出综合性评估。

② 动态性。思想政治教育效果的体现必然滞后于教育本身，若用静止的观点看待评估，仅凭一次评估活动就对教育的效果下结论往往是不科学的，评估工作应经常性、动态性地进行。这样，评估工作才能较客观、全面地对思想政治教育的效果做出分析评价，其中包括对思想政治教育所产生的积极效果的分析与评价和对因思想政治教育的不当而造成的不良后果的分析与评价。

③ 对比性。思想政治教育效果表现形式的多样性、复杂性决定了思想政治教育评估应经常从纵向和横向的对比中来获得对教育效果的判断。所谓纵向对比，是从时间而言，将实施教育的前后状况做对比，通过观察其间的变化来进行效果的分析与评价。所谓横向对比，是从空间而言，即将同一类对象做比较，从它们的差异性中进行教育效果的分析与评价。

④ 系统性。思想政治教育效果作用范围的广泛性，决定了思想政治教育评估具有系统性的特点。首先，在评估中，要做到局部与整体的有机结合。思想政治教育是一个完整的科学体系，其作用的发挥具有一种内在的整体机制。在评估中，我们要做到

局部与整体的有机结合，对思想政治教育工作做出全面的评价。其次，评估工作既要充分估计社会大环境对思想政治教育效果产生的积极或消极影响，又应十分注意对思想政治教育活动中的各个环节和各种影响做出分析和评价。最后，系统性还表现在评估工作的层次上。思想政治教育评估总是针对一定的对象展开的。组织的系统与子系统之间，群体与个体的对象之间，都存在着不同的层次差别，评估工作应根据不同的评估对象设计评估要求和指标，只有这样，评估才切合实际，才能具有针对性和可行性。

总之，只有很好地把握上述特点，才能有效地开展评估工作。要提高思想政治教育工作的效果，开创工作的新局面，必须建立、健全有中国特色的、高效率的运行机制，只有这样，才能使思想政治教育工作落到实处。

第二节　高校学生思想政治教育的有效教学

一、高校学生人生观教育的有效教学

（一）人生观

社会发展是人类自我表达与自我超越的过程，过程是一种经历，经历之后便是一种立场——人生需要目标，人需要活得有意义。大千世界，物种万千，人的存在与发展是一个生命的展现过程。虽然每个人的经历千差万别，但有一点是共同的，那就是生命只有一次，不可复制、不可逆转、不可再版，时间的维性特征使得人生的每一次选择都有特殊的意义。人生认知、人生态度、人生责任、人生审美的集合构成了人的人生观、价值观的理论内涵和实践根本。高校学生需要人生目标，需要活得有意义，需要正确人生观的引领才能不被外界的负面内容所左右，才能实现自己的理想抱负。

马克思主义伦理学认为，人生既是被动的，又是主动的，是人的客观受动性和主观能动性的统一。作为具有自然属性的人，人的生理活动必然受一定自然生理法则的支配；人作为社会动物，生活在一定的社会历史条件下，又具有社会属性，而且，这是人的根本属性。因而，人又必须遵循一定的社会法则。同时，人是有理想、有思想、有意志的社会存在者，人生绝不是人完全消极被动地适应自然和社会历史规律的生活过程。在一定的社会历史条件下，人能够发挥主体的主观能动性和创造性，有目的地进行改变环境、创造历史的活动。因此，人是社会历史的主体，人生是积极主动的生存过程，是人能动地表现自己的过程。

人作为有思想、有意志、有行动能力的社会存在，在其生存过程中，不仅创造着社会和历史，而且更追寻着自我生存的使命和生活的意义，这正是人生观的根本问题。

由于人都是在一定的社会关系中生活的，孤立存在的人和事是没有的，从这个意义上说，人生又是人类社会生活的总和。人生过程既不是机械的、被动的生存过程，也不是纯精神的、绝对自由的自我实现过程，而是在一定的客观条件基础上能动的生活过程。人生是主观能动性和客观受动性的统一，是主体和客体的统一，是合目的性与合规律性的统一。

1. 人生观的含义

人生观是世界观在人生领域的一种延伸、一种体现，是世界观的重要组成部分，是由世界观决定的，是世界观在人生问题上的体现。人生观是一个人对人生的根本看法和态度，包括对人生价值、人生目的和人生意义的基本看法和态度。一般说来，人生的内容极其丰富，生活、学习、工作、事业、理想、友谊、恋爱、婚姻、家庭、苦乐、美丑、生死、荣辱等无不属于人生的范畴。人们经过一定的生活体验和对人生的深入思考，往往已经对人为什么活着、人应当怎样活着，以及对人生的目的、价值和道路等有关人生的重大问题形成了稳定的看法和根本态度，从而形成了一定的人生观。人生观，就是生活于一定社会条件和环境下的人们，依据一定的世界观和生活实践经验，对人生的目的、态度和价值等重大问题所形成的根本看法、信念和态度。

人生观决定着一个人的人生走向。人们的思想和行动，不论自觉与不自觉，总是受某种人生观的指导。人生观体现在人生的各个方面，人生的目的，即人为什么活着，是人生观中始终起着核心和主导作用的东西。人生观以追求人生整体和谐发展为目标，引导人们确立正确的人生目的、态度，实现有价值的人生。人生观的形成是一个由实践所引发的全面、根本、动态的人类精神意识的产生过程。人生观作为一种观念形态，具有社会意识的一般特点，它是社会存在的反映，一经形成，就会对社会存在产生积极或消极的影响，其根本就在于人作为社会存在的主体，是这种观念的塑造者和实践者。

由于人们所处的社会地位、生活环境和文化素养不同，因而形成不同的人生观。人生是人根据一定的人生观来实践自己人生价值的过程，从人生观发展的阶段上看，人生实践是以人生的认知为前提的，知识背景、思维模式、生活环境、心理状态等显性因素在一定程度上制约着人生观的确立，但在关注人生观的大系统时，我们注意到，人生态度、人生责任、人生审美等认知的特殊功能对人生观的形成有着巨大的影响。正所谓"态度决定一切"，不同的人生态度不仅是影响人生成功或失败的主要因素，影响着个体人生观的确立，而且会改变人生的道路，左右人生价值的实现。我们必须提倡和树立全心全意为人民服务的人生观，用人民的利益高于一切的原则战胜形形色色的个人主义，把自己锻炼成为一个高尚的人、一个纯粹的人、一个脱离了低级趣味的人、一个有益于人民的人。

尽管人生观的发展历程在每个人身上的表现千差万别，但是就人类本身的发展特点而言，人生观的形成又具有共性和普遍性，显示出社会客观条件和主观个体自身阶段性发展的特点。每个人对人生目的、人生价值的实现都有着内在的精神需要，价值目标是一种追求和向往，使人的自我控制和约束成为一种自觉的习惯，进而培养出正确的人生观。人生观是一种态度，它的确立不仅在实践行为中表现出人各自不同的生活态度，同时也在实践中、在人生态度的不断纠正中获得更新。人生观与人生活动的本质联系是反映与被反映的关系，是认识与实践的关系。人生观一旦形成，就会对人生起指导作用，并随着社会与人的发展而发展。

人生观是人人都有的，每个正常的人在其人生旅途中都有自己的人生目的、理想和追求，但并不是每个人都能如愿以偿。因为每个人不一定都拥有正确的人生观。没有正确人生观的人也许会成功一时，却难以成功一世。许多事业有成、学业有成的人，他们的人生观只是缺少高度凝练的理性概括，并不缺少准确灵活的感情把握，这正是所谓的"有感于心而难以言之于意"，究其内心深处，还是有着自己的人生观。高校学生正确人生观的形成是高校学生成功的前提。在这个新媒体发达、信息复杂的社会里，高校学生的人生观容易被干扰和扭曲，因此，有的高校学生能有所造诣，人生辉煌而壮丽；而有的高校学生却碌碌无为，人生痛苦而暗淡。

2. 人生观的种类

不同的人有不同的人生观，常见的人生观有以下三种：

（1）实用主义人生观。这种人生观兴起于 19 世纪末 20 世纪初，认为宇宙的一切都是同人类生活的"好处和目的"相联系的，并无规律和客观真理而言。因此，在他们看来，人生的目的就在于服从个人意志和主观欲望，"方便"和"有用"是衡量人生价值的唯一标准。实用主义的创始人、美国唯心主义哲学家詹姆斯，把人生视为大赌场，认为人生就是赌博、投机和冒险，无须认识客观规律，寻求人生意义只需依靠侥幸和冒险，只要投机和冒险成功，获得了金钱和权势，对个人有用、方便，便实现了人生价值和人生意义。实用主义的人生目的，是一种把对个人的有用性作为一切准则的人生目的。实用主义者否认真理的客观性，认为道德无准则，完全是随心所欲的"自由选择"，有用的就是真理、就是善；把"实惠"作为人生信条，能够得到实惠的、对自己有用的就是正确的，得不到实惠、对自己没用的就是不正确的。实用主义把人生看成赌场，主张用投机、冒险的手段达到人生目的。事实上，如果人人都不择手段地谋求个人利益，人类社会将变得混乱不堪。在高校学生中，某些学生对集体活动退避三舍、对社会公益活动视若无睹、对个人修养嗤之以鼻，从他们的言行中，不难看出实用主义人生观的痕迹。

（2）享乐主义人生观。这种人生观把追求个人的物质享受作为人生的最高追求。享乐主义的人生目的，把人生当作满足生理需要的过程，认为人生的目的和意义在于追求个人的感官快乐和物质享受。尽管享乐主义人生观在中国历史上影响不大，但是很早就存在。《列子·杨朱篇》描述了中国早期的享乐主义人生目的："十年亦死，百年亦死；仁圣亦死，凶愚亦死。"人生苦短，终归一死。在欧洲，从文艺复兴时期的人文主义，到近代资产阶级的各种社会思潮，都把追求个人享乐作为人生的唯一目的。他们不遗余力地论证，人的本性就在于趋乐避苦。功利主义者杰里米·边沁和穆勒更是把追求个人享乐作为人生至高无上的目的，主张人生的价值就在于尽情享乐，不能为他人牺牲自己的享乐。在高校学生中，也有极少数人受到享乐主义的消极影响，他们沉湎于物欲享受，在物质条件上盲目攀比，热衷于下馆子、泡酒吧、进"迪厅"、逛商场，甚至不顾家庭承受能力一味地向父母索取，这些都是享乐主义人生观的表现。

（3）存在主义人生观。这种人生观把人的存在作为研究对象，把个人的意志和绝对自由作为存在的出发点，以个人奋斗显示自己的存在和人生价值，是一种以追求个人绝对自由为人生目的，以孤注一掷、盲目冒险为人生态度的错误人生观。

存在主义作为一种人生观和哲学流派，在20世纪50年代后期，特别是60年代初，成为西方资本主义世界的"时髦货"，当今也仍然是西方社会的主要思潮之一。存在主义从主观唯心主义出发，以"存在先于本质"为命题，认为个人首先存在，然后按照自己的意志完全自由、绝对自主地选择了自己的本质，造就了自己。存在主义人生观推崇绝对的自由，认为自由是价值的基础，选择是价值的来源，人自己安排自己，只对自己负责，没有义务遵守道德准则。存在主义所谈的自由是一种虚幻的自由，所谈的存在也是一种虚幻的存在。在个人的人生行为、人生抉择和思想意识中，点点滴滴，或直接或间接，都与家庭、社会环境和周围的其他因素发生着千丝万缕的联系。事实上，完全独立的、绝对的"存在"和自由是不存在的。把人的自由绝对化、孤立化，势必走向"他人就是地狱"的极端。

存在主义也曾为我国的一些青年学生所盲目接受和崇拜，他们提出"自我设计""自我价值""自我奋斗"的口号。在社会主义国家里，人们的社会地位改变了，成为国家的主人，国家和集体充分肯定人的价值，激励人的积极性和创造性，任何离开人民和社会需要的"自我设计""自我表现""自我满足"，最终都将被社会所淘汰。

（二）高校学生人生观有效教学的意义

1. 有利于培养高校学生正确的世界观

世界观通常是指人们对整个世界（包括对自然界、社会和人的思维）的根本看法，是人们对世界的本质和各种关系以及世界上的一切事物的根本观点，世界观的基本问题是精神与物质、思维与存在、主观与客观的关系问题。世界观影响和决定着每个人的活动，在人们的思想认识中，世界观是根本性的，人们在现实生活中对一切问题的具体看法和观点都是由他们的世界观所决定的。世界观不同，人们在认识和改造世界时的立场、观点和方法也不同，同时，世界观一旦形成，就对人的活动产生支配作用。

人生观是世界观的重要组成部分，是人们在实践中形成的对于人生意义、价值、目的、理想、信念、追求等问题的根本看法，它决定着人们实践活动的目标、人生道路的方向和对待生活的态度。

人生观与世界观密切联系。一方面，世界观决定人生观，只有树立了马克思主义的世界观，才能树立马克思主义的人生观；另一方面，人生观又对世界观的巩固、发展和变化起着重要的作用。一个人的人生观如果发生变化，往往会导致世界观发生变化。每个人都有自己的世界观，但由于人们的社会实践水平、知识结构、思维方式以及所处的历史发展阶段不同，认识会有所不同，世界观也会有所不同。辩证唯物主义和历史唯物主义是无产阶级及其政党的世界观，我们党把这一科学的世界观同中国的具体实践相结合，形成了有中国特色的"实事求是"的思想路线，即"一切从实际出发，理论联系实际，实事求是，在实践中检验真理和发展真理"，这是科学的、正确的世界观最具体、最生动、最集中的表现。

人生观要回答有关人生不同层次的问题，它是由人生目的、人生态度和人生价值三个主要方面构成的思想体系。

拜金主义人生观是一种认为金钱可以主宰一切，把追求金钱作为人生至高目的的人生观。享乐主义人生观是一种把享乐作为人生目的的人生观，主张人生的唯一目的和全部内容就在于满足感官的需求与快乐。个人主义人生观就是一切从个人出发，把个人的利益放在集体利益之上，只顾自己，不顾别人的思想。它是生产资料私有制的产物，是资产阶级世界观的核心。上述种种错误的人生观尽管在形式上五花八门，内容上不尽一致，但它们却有着共同的特征：其一，它都是没落阶级的人生观，都反映了没落阶级狭隘的阶级利益，不具有先进阶级的宽广胸怀和远大志向，更不能代表人民群众的利益；其二，它们都没有正确把握个人与社会的关系，忽视或否认社会性是人的存在和活动的本质属性，因而认为人生的出发点和落脚点都是一己私利；其三，它们片面理解人的本质，夸大了人生的某方面需要，而忽视或否认人的全面性和人生的全面需要。这样的人生观显然是错误的。

2. 传承高校核心价值理念

在当今时代，经济和社会的发展使高校学生逐步从社会的边缘进入社会的中心，高校学生越来越广泛地参与到社会生活中，并受到社会生活的影响。在市场化、信息化和全球化的社会浪潮中，高校学生所面临的社会诱惑越来越多，更需要独立意识和批判精神，才能坚守自身的文化品格。

有些高校学生受社会主义市场经济大潮的负面影响，把人生的价值逐步转向获取狭隘的自身利益和眼前利益上，片面追求个人价值、个人利益和个人需求的实现，一定程度上造成了个人主义思潮的蔓延和人生观的偏斜。有的高校学生以个人主义、小团体主义、本位主义作为自己立身处世的原则，把个人利益作为自己行为的出发点，处处为自己着想，将个人利益凌驾于社会、集体、他人之上；有的高校学生自私自利，不愿意帮助和关心他人，不愿意参加集体活动、社会活动；有的高校学生则持着"主观为自己，客观为他人"的思想"积极"参加各类社会活动，但是"客观为他人"未必总是给他人带来好处，尤其是在"个人"与"他人、集体、社会"发生矛盾时，他们就会马上回到"主观为自己"的出发点，不惜损害他人、集体和社会的利益；有的高校学生感情冷漠、极端自私、以自我为中心，突出表现为无兴趣、无所谓、无意义的"三无"现象，严重者则走上出家乃至轻生的道路。

作为知识分子的高校师生，比其他社会成员更具有文化和智力的特殊优势，更能认识社会的发展规律和发展方向。传承高校核心价值理念，就是鼓励师生坚持站在历史发展的最高点和时代发展的最前沿，坚持以批判精神弘扬社会主义先进文化，拒绝诱惑与腐蚀，形成符合时代发展潮流、促进社会进步的独立的世界观、人生观和价值观。

二、高校学生价值观教育的有效教学

高校学生的价值观教育历来都是高校思想政治教育的重点。目前，高校学生的价值观教育也面临着严峻的形势。让高校学生明确什么是真正的人生价值，将是高校在价值观教育方面努力的方向。

（一）人生价值观

"价值"一词最早是用来反映商品中凝聚的人的一般劳动，属于经济学的特定范畴。马克思在劳动价值论中提到，价值的实体是抽象劳动，体现的是商品生产者之间的关系，社会必要劳动时间决定商品的价值量，价值通过交换价值的表现形式体现出来。从哲学的角度来看，价值源于人的实践，是事物的一种属性，反映为一种事物满足另一种需要的事实和程度。满足主体需要的关系，包括自然客体、社会客体和精神客体。与价值相关的就是价值观念和价值观。所谓价值观念，就是人们关于生活中基本价值的信念、信仰、理想等问题的思想观念，是人们对价值的反映和对价值的主观态度。人们的实践活动，是满足物质和精神需要的价值活动。通过反复进行的价值活动，人们必然形成对各种事物的利害、好坏、善恶、美丑、是非等观念，这就是价值观念。在各种价值观念中，最根本、最稳定、最深层和最核心的东西就是价值观。所谓价值观，是指人们对周围世界的价值反映、判断，并形成稳定的、根本的观点和态度。

1. 人生价值的含义

人生价值指的是具体的人在其一生中通过劳动创造对自我、他人、集体、社会的需要的积极满足和贡献，是个人的所作所为对自我、他人和社会的生存和发展的积极意义和作用。对人生价值的追求，从根本上说，追问的是人的生命存在有何意义，人活着是否值得，是否有所得。这是一种意识领域的思考，当思考积淀、提升为一种价值观念时，这种观念本身就会指引人生实践，创造人生价值。

任何人生价值都是自我价值和社会价值的统一。一方面，人的自我价值是在社会关系中实现的。离开了社会关系，人的生存和发展就成了无源之水、无本之木，人的自我价值就不能实现。一个人能否实现自我价值和实现的程度如何，既取决于个人的努力奋斗，又取决于社会的支持。那种孤立的、绝对的自我价值是不存在的。人不能过分强调自我，将自己囿于自我封闭的怪圈中。另一方面，社会的存在和发展依赖于个人的生存和发展，社会价值要通过个人努力来实现。一般来说，作为具体的个人，总会以当时的社会条件和自己的社会存在为基础，去追求自身需要的满足和自身价值的实现。即使在认识和评价社会价值时，人也总是站在自己特定的立场上，以自己的切身体验和实际利益为依据。因此，就总体来看，每一个成员都从事着追求自我价值的活动。尽管人们的自我追求不可能全部如愿以偿，但正是这种对自我价值的追求，使得社会价值在客观上得以实现。

人生价值的实现是一个复杂的社会实践过程，既取决于社会客观历史条件，又取决于个人的主观努力。人生价值的实现是通过个人的社会实践完成的，具体形式包括职业实践、生活实践和事业实践等，是每个人实现人生价值的基本形式。各种实践都是以个人价值目标的设定为前提，以价值主体的素质提升为核心，以贡献和索取的实践关系为根本的。人在为社会创造价值，为他人服务的过程中，也使自己的人生价值和对自我的认识有了提升和超越。也就是说，人的价值是人通过自身的实践活动，充分发挥其体力和智力的潜能，不断创造出物质财富和精神财富，在满足自身需要的同时，满足他人和社会的需要。

人生价值是一个人在一生中对人类社会的延续与发展所做出的贡献和所起的作用，是指一个人的存在和活动能否或在多大程度上满足社会及自身的实际需要。高校学生应该以自强不息的生活态度、行为对待人生，以这种精神引领社会风尚，人生价值的实现应该表现为个人的全面发展与社会进步相一致。

人生的自我价值就是人的实践活动对自身需要的满足和对自身存在与发展的意义，是社会对个人的尊重和满足。人作为有需要、有理想、有追求的主体，其创造价值的活动总是同自己的需要和欲求相联系，总是对自身有意义的。因此，在社会生活中，应该尊重个体对自我价值的追求，维护个人的合法权益，为个人自我价值的实现提供必要的社会保障。个人作为客体，满足社会的需要，是能动的、有意识和有目的的；个人既是以其社会实践满足社会需要的客体，又是社会的成员，有着自身生存、发展的各种需要，是需要的主体。因此，正确认识和理解人生价值的前提是，既要有个人对社会的贡献和责任，又要承认社会对个人需要的满足与尊重。随着经济的发展，人们对利益的追求与获得成为一种平凡的现实，而且应该承认现实社会中，没有一个人只贡献、只创造而不去享受和消费，在这个意义上肯定个人价值的必要性、合理性是值得被重视的。假如个人价值不存在，那么社会价值就会因为失去价值的承担者而丧失其本身的最终归宿；假如个人作为价值主体得不到社会的肯定，个人也就没有充当价值客体的责任。人的需要得到满足和尊重，前提应该是人要对社会有所贡献。个人价值的实现不能离开社会价值的创造。一个人如果放弃了对社会的贡献和责任，那么社会对他的尊重和满足就会成为无源之水、无本之木，也就从根本上否认了个人价值的存在和实现。一般来说，人的自我价值体现在以下三个方面：

首先，是个体对自己生命存在的肯定。因为人的生命是没有任何东西可以代替的，所以生命的存在是一切价值产生的基础和前提。其次，人的自我肯定绝不仅仅停留在这一极为狭隘的层面上，而是需要递进到一个更高的层次，即人的自尊、自爱、自强等需要的满足。人人都需要社会和他人的尊重，从而使自己活得有价值、有用处。最后，人的自我价值的最高表现是自我完善和自我实现，这是人超越现实的理想力量的充分体现。一个人如果只停留在以往的水平上，就会觉得生活没有色彩、缺乏意义。人只有在不断的创造活动中，在不断超越自我的过程中，才能真正感受到自己存在的意义，感受到自己的尊严，即对社会需求的满足和对社会进步的促进。这种价值主要体现在个人通过劳动、创造对他人和社会所做的贡献中。每个人的人生价值都是一种在社会中展现的价值事实，人们（包括自己）对这种价值事实所做的直接评价带有明显的时代性和相对性特征，所以现实的评价应该经得起时间、历史的考验，才会真正显示出价值的意义。"先天下之忧而忧，后天下之乐而乐""春蚕到死丝方尽，人至期颐亦不休。一息尚存须努力，留作青年好范畴""富贵不能淫，贫贱不能移，威武不能屈""不戚戚于贫贱，不汲汲于富贵"……这些诗句能够流传至今，正是因为其间有着后人对先辈人生境遇和人生价值的扼腕和崇敬，更有着人类本身对于自我人生价值实现的期许和看重。

劳动、创造和贡献本身就是人生社会价值的基本标志。高校学生作为社会的中坚力量，不应该被网络等新兴媒体所左右，应该坚定自己的道德准则，找准自己的定位，尽可能使自己的人生过得充实又有意义。虽然社会的发展离不开个人的努力，但个人更离不开社会，个体生命的意义必须通过其对社会的意义来体现和实现。因此，一个人不可能只有自我价值而没有社会价值。

2. 人生价值观的形成

价值观是人和社会精神文化系统中深层的、相对稳定且起主导作用的成分，是人的精神活动的中枢系统。不仅个人有价值观，集体、阶级、民族、国家和社会也有。一个国家、一个社会的价值观，实际上是它的思想文化、意识形态体系中最核心的内容。对于个人来说，他的价值规则是他的人生和事业中最重要的精神追求、精神支柱和精神动力。

马克思曾说过，个人怎样表现自己的生活，他自己也就怎样。也就是说人的社会实践行为反映着人的思想，反映着人成长的价值观念。人生价值观是人们对于人生价值问题的根本看法、观点和态度，它包括对人生有无价值、人生的价值在哪里、如何才能实现人生的价值等问题的回答和态度。价值观是人和社会精神文化系统中深层的、相对稳定且起主导作用的成分，是人的精神活动的中枢系统。它规定着人们的价值取向和行为选择，在现实生活中具有重要作用。

人生价值观在人生观形成的过程中对其他心理因素起着定向和权衡的作用。个体人生观的形成是从认识人生的意义开始的。人对人生意义的认识、探索和对崇高目标的向往，是在个体社会化的过程中形成的，是在一定的社会关系中产生的。马克思主义伦理学强调树立正确的价值观。社会主义核心价值观要求我们在处理个人、集体和国家之间的利益关系时，应努力为集体和国家做贡献。特别是当三者利益发生矛盾和冲突时，个人利益要服从集体利益，集体利益要服从国家利益，局部利益、暂时利益要服从全局利益和长远利益。在对待义与利的关系上，要义中取利，坚持义利互济并重的原则；当义与利发生矛盾冲突时，要坚持先义后利，以义制利，而不能唯利是图，见利忘义。社会主义核心价值观是我国社会价值体系中最基本、最核心、最重要的部分，在所有社会价值目标中处于支配地位并发挥引领社会思潮的作用，决定着整个社会价值体系的基本特征和发展方向，决定着社会主义的发展模式、制度体制和目标任务。

"巩固马克思主义指导思想，用中国特色社会主义共同理想凝聚力量，用以爱国主义为核心的民族精神和以改革创新为核心的时代精神鼓舞斗志，用社会主义核心价值观引领风尚"，不仅是对社会主义制度在价值层面的探索与提高，更是对人的培养与塑造，使人生价值观的实现趋于健康与完美，将主导价值观念内化为内心信念、外化为自觉行动是当前社会的实践要求。

人生价值观是在世界观的指导下形成的。人们在改造自然和改造社会的过程中，必然要同周围的人产生各种联系。当人们在对待各种事物和处理各种关系的时候，又必然会产生各种看法，并在这种看法的基础上，逐渐形成对整个自然界和社会总的看法，这就是世界观。而且，人生观的形成与人生价值的实现实际上是一个选择的过程，如果人的选择是出于自愿，而且这种自愿是纯粹出于对"什么是最值得做的"和"应该怎样做"的真诚思考，就应该说这是一种有价值的选择。人生价值观属于社会意识范畴，是对人的社会现实存在的能动反映。特别是一定的生产方式、政治与文化环境、时代特点，对人生价值观起着极大的影响作用。人们用自己的世界观去观察和对待人生价值问题时，会对人生价值产生一定的感受和认识，并由此产生对人生的价值目标、价值标准和人生价值的实现等人生价值问题的根本看法和态度，于是就形成了人生价值观。在不同的社会历史条件下，人们会有不同的人生价值观。而在社会上占统治地位的人生价值观，必然是在社会上居于统治地位的统治阶级的人生价值观。当代中国特色社会主义的建设不仅需要改革开放的进一步深入与完善，更需要在社会主流意识、主导价值观方面给予更多的关注与关怀。一个社会可以有多个层次、多样并存的思想价值观念,但一个国家意识形态领域的指导思想却必须是一元的。

人生价值观只有在科学的世界观指导下,才能真正揭示人生的意义和价值;只有科学进步的世界观才有益于正确人生价值观的形成和发展。一个人如果不产生错觉或幻觉的话,越是看到社会、他人需要自己,越是感到自己有能力满足他们的需要;越是看到自己的行为产生了预想的实际社会意义,就会越发感到个人存在的价值,人生观的态度及实践表现就越是积极。

(二)高校学生价值观有效教学的实施方法

1. 对高校学生进行思想改造

当前,随着社会主义市场经济的深入发展,我国社会的经济成分、组织形式、就业方式、利益关系和分配方式日益多样化,人们思想活动的独立性、选择性、多变性和差异性日益增强。社会的发展变化给思想意识领域带来了巨大的冲击,人们的世界观、人生观和价值观正发生着重大的改变。广大高校师生也正面临着社会变革带来的思想裂变的冲击。尤其是在信息化浪潮席卷大学校园的时代背景下,各种或正确或错误或崇高或低下或高雅或低俗的思想形态冲击着这片曾经纯净的天空,多样化的价值选择、多元化的价值取向正成为高校师生新的追求。面对纷繁复杂的社会现象,精神上的矛盾和困惑成为部分高校师生面临的人生问题。针对新形势、新问题,通过传承高校核心价值理念,不断改革教育内容,创新教育形式,引领师生正确把握社会的发展变化,树立符合时代发展和社会进步要求的价值观,是时代对当前高校思想政治教育提出的新要求。

高校学生除认真学习以外,最重要的就是要经常进行自我改造,这是一个长期而艰苦的过程,而这个改造的关键点在"内因"。要想认真地自我改造,就要以马克思主义世界观为标准,不断检视自己的思想和行为,进行必要的批评和自我批评,克服任性和自私。还要敢于向一切错误的思想观念、腐朽的生活方式宣战,要勇于接受组织和群众的监督。我们每个人的世界观、人生观和价值观都难以保证是完全正确的,要把改造主观世界作为终身任务;随着时代和实践的发展,原来正确的现在也可能过时了甚至不正确了,所以必须把改造自己的世界观、人生观和价值观作为终身任务。在这个问题上,我们要向周恩来同志学习。我们敬爱的周总理,一生爱人民,为人民鞠躬尽瘁。在漫长的革命征途上,他一直以"活到老,学到老,改造到老"为座右铭,在45岁时还写下了《我的修养要则》。他的一生,是为中国人民求解放谋利益的一生,也是不断进行自我改造的一生,他的坚强党性和伟大品格光照千秋。我们每个人都应该以周恩来同志为楷模,始终不忘改造自己,使自己与时俱进,使自己永远保持先进性,使自己不断提高和完善。

2. 要加强宣传教育

大学的时代性特征决定了高校核心价值理念的时代性特点。美国学者罗伯特·弗莱克斯纳的话一针见血："大学不是某个时代一般社会组织之外的东西，而是在社会组织之内的东西……它不是与世隔绝的东西、历史的东西、尽可能不屈服于某种新的压力的东西，恰恰相反，它是……时代的表现，并对当时和将来都产生影响。"无论中西，大学必定能够成为引领时代的先锋，并代表着最进步的时代精神，驱动着社会向前发展。它们以自己特有的智力优势，能够预见并感应到社会潮流的前奏，从而成为推动社会潮流的先行者，使社会潮流之声最终成为时代的最强者。同时，也正是因为紧紧扣住了时代的脉搏，大学才赢得了自身的持续发展和地位的逐渐提高。

当前，在改革开放的新时期，在发展社会主义市场经济的环境中，树立马克思主义世界观、人生观和价值观，更具有重要性和紧迫性。这些年来，大量事实表明，广大共产党员和干部在我国体制发生根本变革、国际社会主义运动处于低潮的背景下，能够解放思想，实事求是，勇于改革，开拓进取，并经受住了种种严峻的考验，就得益于他们具有正确的世界观、人生观和价值观。同时，也有少数党员和干部被拜金主义、享乐主义和极端个人主义意识所腐蚀，经不住金钱、权力、美色和腐朽生活方式的引诱，搞钱权交易，行贿受贿，有些甚至违法犯罪，腐化变质，自我毁灭。情况虽然各有不同，但审视其思想原因，归根结底，这些人都是从世界观、人生观和价值观上被打开了思想缺口，发生蜕变而迷失方向走向堕落的。越是改革开放，越是发展社会主义市场经济，就越要加强马克思主义世界观和方法论的宣传，树立马克思主义的科学的世界观、人生观和价值观。同时，只有加强和改进思想政治工作，使新一代的青年牢固树立起马克思主义的世界观、人生观和价值观，才能在错综复杂、瞬息万变的国内外形势面前保持清醒的头脑，抓住机遇，迎接挑战，排除险阻，取得改革开放和社会主义现代化建设的更大成就。

3. 高校学生要不断学习，努力进取

列宁曾经说过："只有用人类创造的全部知识财富来丰富自己的头脑，才能成为共产主义者。"要做到这一点，只能靠学习，学习是树立正确的世界观、人生观和价值观的基础。我国的改革开放和社会主义现代化建设进入了攻坚阶段，我们面临着复杂的形势，要适应新形势，完成新任务，必须坚持马克思主义的政治方向、政治立场、政治观点，遵守政治纪律，提高政治鉴别力、政治敏锐性，防止各种错误思想和倾向的干扰。要做到这些，不学习、不用科学的理论武装思想是不行的，没有科学理论的武装，就不能确立正确的世界观、人生观和价值观。高校学生要学习马克思主义哲学、政治经济学、科学社会主义，学会用辩证唯物主义和历史唯物主义的观点和方法去分析问题、解决矛盾，还要学习经济、政治、法律、科技、历史、文学等方面的知识；要努力学习马克思列宁主义、毛泽东思想、邓小平理论、"三个代表"重要思想、科学发展

观、习近平新时代中国特色社会主义思想，逐步学会运用辩证唯物主义和历史唯物主义的立场、观点、方法分析现实社会生活中的政治、经济、文化、道德现象，识别各种社会思潮，正确认识人类社会历史发展的客观规律。同时，还要树立正确的学习目标，养成良好的学风。学习不仅是为了增长知识，更重要的是为了明事理，为了提升精神境界，为了树立正确的世界观、人生观和价值观。学习是培养高尚的人、纯粹的人、有道德的人、全面发展的人的唯一途径。

4. 整合道德价值观

当前，高校学生道德价值观发生变化的主要原因有两点：一是市场经济条件下，人们的利益观念、劳动观念、分配观念、竞争观念、效率观念等都发生了变化，随之而来的是道德观念的深刻变革；二是改革开放以来，中西方的交流日益增多，西方的道德价值观对中国青年产生了很大影响，促进了中国高校学生道德价值观念的变化。因此，如何在传统道德与现代道德、西方道德与中国道德的交融中引导高校学生树立一种适应社会主义市场经济规律的、符合道德文明的新型道德价值观，是值得我们考虑的问题。

有人主张坚决弘扬中国传统道德，也有人主张用中国传统道德来抵御西方道德价值观的"侵入"，还有人主张在道德价值观上任其自由发展。党的十六大报告指出："立足于改革开放和现代化建设的实践，着眼于世界文化发展的前沿，发扬民族文化的优秀传统，汲取世界各民族的长处，在内容和形式上积极创新，不断增强中国特色社会主义文化的吸引力和感召力。""要建立与社会主义市场经济相适应、与社会主义法律规范相协调、与中华民族传统美德相承接的社会主义思想道德体系。"因此，有识之士认为，应该采取"扬弃"的态度，即剔除中国传统道德价值观中的消极因素，保留优秀传统道德，并引进西方道德价值观中的合理因素加以整合，用以构建中国当代青年的道德价值观。中国优秀传统道德是中华民族优秀文化的结晶，应本着取其精华、去其糟粕的精神加以继承和发扬，如中国传统道德提倡的"舍小家，顾大家""天下兴亡，匹夫有责"的爱国思想，儒家提倡的"仁爱"思想、"老吾老以及人之老，幼吾幼以及人之幼"、"勿以善小而不为，勿以恶小而为之"等，在今天尤其值得提倡，那些盲目忠君的思想以及"不孝有三，无后为大"等早已成为道德的垃圾。西方道德观念中也有一些值得借鉴的东西。但是，有些人并没有很好地分析西方的道德价值观念，而是断章取义，甚至扭曲了其合理内涵。例如，西方的自由观被一些中国高校学生单纯地理解为想干什么就干什么，追求"我行我素"的主观随意性；西方人追求的合理利己主义被一些人理解为自私自利、唯利是图。另外，西方的实用主义价值观助长了一些中国青年的"拜金主义""享乐主义"价值取向等。由此看来，盲目否定与一概吸收和继承都不能解决高校学生中存在的道德价值观问题，要构建符合时代特色的中国高校学生的道德价值观。在这一过程中要注意以下几方面：

一方面，对中国高校学生加强中国传统道德教育，使其摒弃那些阻碍时代发展的、旧的道德观念，并将中国传统优秀伦理道德发扬光大；另一方面，应当加强中西方青年的文化交流，使中国高校学生对西方的道德价值观有一个清晰的、整体的把握。在此基础上，以中国社会的主导价值观念为导向，使他们认清西方道德价值观的实质及其合理性，学习西方青年身上优秀的道德品质，并在自身道德价值观的构建中加以合理利用，以增强自身的道德判断力和整合能力。

第三节　网络环境下高校思想政治教育的有效教学

一、思想政治教育网络环境概述

在校园网络信息环境中，校园网络是信息传播的途径；而作为校园网络的主要使用者，高校学生既通过校园网络发布信息，又使用校园网络来获取信息，他们是校园网络信息的传播主体。高校学生对于信息的辨别能力将会左右校园舆论的发展。因此，对于高校思想政治教育而言，校园网络信息环境已经成为一种新的教育环境，教育工作者必须紧紧抓住这一新的信息环境的关键要素及其作用，构建网络思想政治教育的新模式，从而实现规律性和目的性的有机统一，推动思想政治教育工作的发展与创新，为高校思想政治教育营造健康的网络环境。

（一）思想政治教育网络环境的基本特点

网络即国际信息互联网络，是指集通信网络、计算机、数据库以及日用电子产品于一体的电子信息交换系统。它是当今世界上最大的信息集合体。自20世纪80年代以来，它的应用已从军事、科研和学术领域进入商业、传播和娱乐等领域，现已成为发展最快的传播媒介，是继报刊、广播、电视之后的又一新媒体——"第四媒体"，具有信息资源丰富、传播迅速、双向交互、服务个性化等特征，这是传统媒体所无法比拟的。

1. 虚拟性

网络的虚拟性是指把人的实践活动转移到以网络为基础的空间中。网络用户在这个空间里彼此交流、获取信息，而这个空间是一个世界性的共有的虚拟空间。网络行为也是虚拟的，它只是通过技术使人有身临其境的感觉，而且人们往往按自己的喜好来设计自己在网络中的形象、语言，其身份通常是不真实的。但是，网络技术并不能把客观世界中的万事万物照搬到网络世界中，它只是以文字、声音、色彩、图片、动画、影视等现代科技表现手法，将客观世界中的事物再现于网络世界中。

网络环境是一种不同于真实的物理空间的虚拟现实环境。凡是现实环境中存在的活动都可以在网络环境中虚拟，且可以不受时空束缚。具有"网络空间哲学家"之称的迈克尔·海姆把"虚拟实在"定义为"是实际上而不是事实上为真实的事件或实体"，认为模拟性、交互作用、人工性、全身沉浸、网络通信等是"虚拟实在"空间的基本特征。"虚拟实在"的网络平台有利于提升人的主体地位，张扬人的个性，放大人的本质力量；有利于消除人们社会交往的时空障碍，使异地的"面对面"交往成为可能，改变人们的认知方式和情感体验方式，扩大人们的视野。但网络环境也产生了虚拟与现实的矛盾，虚拟交往的匿名性和隐蔽性容易产生蒙面狂欢的效应，降低人们的责任感，引发人们的道德失范行为。网络社会场域是基于信息网络技术平台的"虚拟实在"环境，思想政治教育网络环境是网络社会场域和现实空间的结合，其虚拟实在性客观存在。

2. 平等性

平等性主要是指网络用户之间的关系是平等的，每个用户既是信息的接受者，也是信息的传递者。网络没有地域的界限，没有国界，任何信息瞬间都可以畅通无阻地到达地球上任何一个联网的终端。它并不强制规定谁可以上网，什么思想可以传播，什么言论可以发表，什么话题可以讨论。与其他信息交流手段相比，它更少受到束缚和羁绊。网络上一切资讯的传播与获取都是自由的。一旦各类信息进入网络，那么，所有与网络连接的人们只要拥有简单的上网设备，就都可以上网获取信息。因此，网络社会真正实现了用户人人平等，信息人人共享。

3. 交互性

网络是以平等为口号的自由交互空间，与报纸、广播、电视等形成的传统媒介环境相比，网络环境更富有自由交互性。网络的交互性主要有两类：一类是实时交互，另一类是非实时交互。实时交互指用户每做出一次选择，马上就能得到一次回应，如网络聊天即属于实时交互。而非实时交互是对一方发出的信息，另一方不必或不能及时回复，网络可存储该信息，以供对方回复时查阅，如电子邮件即属于非实时交互。总之，网络信息匿名的特征，使网络成员在虚拟空间的平等成为可能，人们可以无所顾忌地敞开心扉交流和发布信息；而交互式沟通，则使人们能更从容地选择和吸纳信息。因此，在网络社会，网民缺乏的并不是信息资源，而是筛选信息和自我约束的能力。

在网络世界里，人们可以随时随地进行信息交流，且不受时空的限制。不管你身处何方，身份如何，只要你能操作电脑上网，就可以实现如下权利：第一，主动选择权，根据自己的需要主动对信息进行甄别、拒绝、选择，获取自己所需的信息，而不再只是被动接受；第二，发表意见权，通过网络向信息输出者或他人提出建议，发表见解或文章；第三，即时参与权，可以自由平等地、不受时空限制地参与网上的各种活动，实现与网络、网络信息的互动，既可以成为信息的接受者，又可以成为信息的发布者、传播者、评论员或反馈人。

各种信息以光速在网络上传输，极大地延伸了人们的网络互动空间，人们足不出户便可获取大量的信息，了解外面的世界，而且人与人之间的网络互动在大容量、高速度的网络支撑下，也发展到不再需要时间和空间的支持而总是"面对面地"进行的水平了，从而使得在现实环境中的人际互动行为过程所必需的时间和场所被大大地压缩，甚至被取消了。

4．开放性

网络空间的开放性把人们的视野拓展到全球的范围，扩大了人们的交往领域。但网络社会场域打破了现实社会空间中各种"围墙"的阻隔，模糊了公共领域与私人领域的界限，使一些原本处于现实生活"后台"的东西走向了"前台"，融合了社会化的不同阶段，改变了人们的许多传统观念；网络化逻辑的"非中心"结构，影响到网络社会场域的结构，使现实生活中处于边缘地位的一些亚文化走到了网络社会场域的中心，削弱了现实社会中主流文化的主导地位；一些发达国家也通过网络向全球传播其意识形态、价值观和生活方式，对发展中国家民族文化的生存和发展提出了挑战。思想政治教育网络环境的开放性给思想政治教育的顺利开展带来了诸多难题。

（二）网络环境对高校思想政治教育有效教学的影响

1．高校传统价值观的输出受到挑战

网络环境中纷杂的信息导致高校学生的价值取向出现偏差，不良信息影响着高校学生的是非判断和行为选择。过去，高校学生接收信息的主要渠道是教师，其内容经层层把关，不良信息已经被过滤掉。随着网络信息在全球的高速传递，西方资产阶级意识形态的大量政治、经济、文化、生活方式等充斥其间。优劣并存的信息加剧了高校学生政治信仰的缺失，加大了道德标准和价值观念选择的复杂性。一些享乐主义、拜金主义和极端个人主义的信息出现在高校学生的面前，使其难以辨别真善美丑，这些思想对高校学生思想意识领域侵害较大。

网络环境直接影响传统教育价值观的建立。传统的思想政治教育方式是教育和管理并重，尤其注重面对面的教育方式。当代高校学生开始用一种全新的眼光来看待自身与自然、社会和他人的关系，思想观念和生活方式也随之发生变化，表现出与以往截然不同的特征。一是在世界观方面，如今网络的应用和快速普及，通过网络的宣传渠道灌输西方思想和政治意识，兜售资本主义的民主、自由、人权等价值观成为意识形态斗争的第一战线，高校不能不防。二是在人生观和价值观方面，当代高校学生打破了学习与娱乐、时间与空间的界限，出现了追求个人的绝对自由、个人主义膨胀的不良生活态度。三是在人才争夺方面，科技至上的思想愈加浓厚。信息时代的高校学生通过多种渠道和媒体，特别是互联网了解信息，接触信息。与此同时，他们在不同的价值观念、文化观念、道德观念的撞击和影响下，在思想行为方面，也形成了几个鲜明的特点：首先，他们对问题的认识变得多方位、多角度化，他们不再简单按照教师规定的纵向思维方式理解事物，而是变得纵横交错、多角度化；其次，他们不再满足于问题的简单结论，而是更主动、更自觉地提出一些"为什么"；最后，他们在比较中鉴别，将各种信息、各种观点摆到一起，运用自己的鉴别能力分析判断、做出选择，进而指导自己的行为。因此，许多高校学生不再轻易接受思想政治教育者的灌输。从一定意义上说，在互联网时代，思想政治教育者将不再是决定青年学生思想政治素质变化的主要因素，他们逐渐丧失了教学过程中的主导地位。

随着改革开放的深入，思想、道德、文化、观念等呈现出了多元化的意识形态趋向。在校大学生作为最敏感的青年群体，对这种思想、道德、文化的开放有一种本能的追求。高校学生希望接触不同的思想，了解不同的文化，听到不同的声音，看到不同的生活，进而去感受它们、认知它们、鉴别它们、体验它们。但这些无法从传统的相对封闭、一元化、正统的大众传播媒体中获取。而网络世界则是一个开放的信息源，各种思想、道德、文化、观念、信仰都可以在这里找到踪迹，相互争鸣。随着教师主导地位的丧失和学生逆反心理的出现，传统价值观面对的挑战将会更加严峻，因而思想政治教育教学的有效效果也不免会受到削弱。

2. 高校学生道德下降，师生之间沟通困难

在多元价值冲突的时代，道德教育本身的价值取向应当如何定位？道德教育的价值引导是否必然是一种精神强制？学生养成的德行与道德教育的目的相去甚远，是单纯的教育技术问题吗？目前，我国的道德教育以灌输为主，已成为公认的问题，为何不能彻底解决？道德教育系统本身生态失衡：要求学生有独立的人格与个性，有创新意识，学校生活却处处是严格的、不可置疑的规范。随着互联网的普及与发展，高校道德教育面临着严峻的挑战。

在互联网上存在着不少不健康的信息，其中有不少色情信息，这对高校学生身心的影响是极其有危害性的。通过网上不良信息的引诱，高校学生会把拜金主义、享乐主义、极端个人主义与美联系起来，从而忽视对内在精神美的追求。而且，泛娱乐化导致高校学生的审美品位降低，丧失自我价值观。高校学生一般计算机水平较高，在网上查阅色情信息并非难事，因此，如果没有健康的思想情操和自觉抵制黄色诱惑的坚强毅力，高校学生一旦堕入"黄潮"之中，其后果可想而知。因此，网上黄色信息的泛滥对我国网民中学生群体的严重危害应引起高度重视。

另外，完善的人格是高校学生所必须拥有的。网络的开放性、匿名性既给予了高校学生极度发挥的空间，同时也为他们放纵言行提供了有效的"保护伞"。高校学生沉迷在网络之中，长期下来，会有各方面的人格异化问题。网络是一个虚实结合的世界。网络改变了传统社会交往的秩序和规则。然而，网络交往势必会侵占正常的人际交往时间，容易造成人际情感的逐渐萎缩和淡化，使人趋向于社会分隔化和个人孤立

化，导致高校学生人际关系的疏淡和交往能力的下降，使他们在现实生活中与他人交流的机会大为减少，严重影响他们正常的人际交往，他们会逐渐变得不善言谈、沉默寡言，排斥现实生活中的人际交往，不愿或不屑于表达自己内心的真实情感，也不愿接受他人的情感表达，并消极地面对现实社会中的人际关系。如果长期放任这种情况，高校学生势必会丢失必要的交往技能，产生一种网络依赖感，从而造成其人际交往异化、人格异化。那么，思想政治教育工作者在与其沟通时，会出现一些障碍。教师与学生之间如果缺乏精神上的交流与沟通，那么两者在思想、情感和感受上就不可能实现相互的渗透。一些学生不愿意打开心扉，会使思想政治教育工作难度加大。

3. 高校思想政治教育理念和方法受到冲击

"教师主体"的观念受到冲击。在网络时代到来之前，教师被公认为是教育过程中的主体，由于他们所拥有的知识和技能都比学生多得多，因而处于主动地位，起着主导作用；而学生由于其思想行为与一定社会要求之间存在差距，在知识、信息的掌握上处于劣势，故在教育活动中处于被动地位，是教育过程中的客体。然而，在网络时代，学生通过网络可以获得大量的思想道德教育信息，从而导致教师的信息优势淡化，甚至有可能处于信息劣势。

特别是当网络成为高校思想政治教育的载体时，它所具有的交互性特点更使教师的主体地位受到冲击。与此同时，高校思想政治教育中最为常用的灌输法也面临着挑战，因为这种方法是以教师具有较高的威信和绝对的信息权威为前提的。因此，长期以来使用的教育方法在今天来看未必行之有效，需要教师进行改进和创新。

思想政治教育工作需要摒弃传统的教育模式及旧的教育内容和方法。首先要在思想上不断更新观念，深入了解现代化教育理念的重要性，并跟上时代的发展潮流，充分认识网络文化对思想政治教育工作的重要性，积极采取有效措施将网络文化的各种内容与手段运用到思想政治教育工作中。教师针对国内教育领域的发展潮流与思想政治教育工作的各种特点，先对网络文化进行全面的了解与深入的研究，取其精华，去其糟粕，使网络文化与思想政治教育充分融合，形成先进的、科学的、合理的思想政治教育模式，使学生深切体会到思想政治教育的吸引力，从而积极主动地接受思想政治教育，最终促进思想政治教育工作效率的提高。

在思想政治教育工作中，传统的教育手段虽然在一定程度上已经不适应当前的时代发展与教育潮流，然而，其中依然存在比较经典、实用的教育手段，如传统的"一对一思想工作"，这种模式的针对性极强，可以针对具体的学生，根据具体情况对其进行思想政治教育，大大提高了工作效率。这些手段不应该被摒弃，需要对其进行一定程度的改进，继续运用到新形势下的思想政治教育工作中。而网络手段虽然多种多样，容易受到学生的关注，便于吸引学生的注意力，然而，其中也存在一定的负面影响，如网络的运用容易使学生沉迷于网络。也就是说，网络手段与传统手段各有利弊，需要将两者的精华进行充分的结合，并有效地运用到思想政治教育工作中。

二、创新高校思想政治教育网络教学模式

高校学生越来越离不开网络，对网络的需求也随着社会的发展进一步增大。现代网络在原来的技术特征上又有了许多新的发展，一是网络环境有了新的变化，网络信息传播更加迅速；二是网络主体在信息传播上更有创意。面对网络环境的改变，高校思想政治教育工作者要在这一环境下进行新的力量整合，创新高校思想政治教育教学工作的模式和途径。

（一）创新高校思想政治教育网络教学模式的必要性

1. 突破传统教学手段的局限

以前，高校思想政治课的教育环境相对比较封闭，但是，随着网络的高速发展与教师教育观念的转变，高校思想政治课的教育环境已经发生了翻天覆地的变化。从高校情况看，几乎所有的高校都建立了至少一个网站。在传统教育教学模式下，思想政治课的教学内容较为单一，课程体系建设缺乏灵活性，教学方式方法单调。教师往往采取"一言堂""填鸭式"教学，没有借助多样化的教学辅助手段，缺乏生动活泼的教学方式方法；单纯注重知识传授和考试成绩，轻视对学生的社会实践能力和政治素质的培养。传统教学方式在很大程度上影响了学生学习的主动性、创造性，思想政治课的教学效果被削弱。

当前已经形成的网络环境，对高校学生思想政治课的学习起到了推动作用。首先，从网络的应用情况来看，网络可以成为理论课教育的第二课堂。网络中自由、开放的内容是高校思想政治理论课教育的重要延伸和补充，能够取得广泛且生动的教育效果。例如，有些学校积极组织微博平台，打造丰富多彩的网络课堂，理工科专业立足学习发展需要，发起"微实验室"学习活动，增进师生交流；文史类专业开设"读书·微学习"活动，开展微博上的讨论交流。理论课课堂与网络课堂形成了良好有序的交流，实现教学相长。不仅师生之间的网络互动很重要，学校之间的网络互动也很重要。因此，各高校内部和高校间也都建立了网络教育平台，这为高校内部及高校间实现高校学生思想政治课教学资源的共建和共享提供了必要的保障，在一定程度上也为开展广泛、深入、持久的高校思想政治课奠定了基础。其次，网络环境的形成对高校思想政治教师的教学行为产生了很大影响。在传统教学环境下，教师依靠"一本教材、一支粉笔"甚至"一个PPT"就可以开展课堂教学了，其具体表现是教师在课堂上讲授，一般采取知识的单向输出或者准双向交流。这种教育内容、教学方式局限性比较大，与当前学生的网络化学习需求有很大差异，教学效果不明显。

网络交流互动工具的多样性和功能的丰富性极大地满足了教育主客体之间的互动

需要，使交流互动活动变得更加便捷。高校学生网络思想政治教育的交流互动性打破了传统的单一方向的交流形式和灌输式的教育模式，网络教学充分利用了计算机技术、网络技术、多媒体技术等，使教学材料的展示更加灵活、形象、生动。网络教学使原来单纯的、基于归纳式演绎的讲解，转化为基于"情境创设""主动探索""协作学习""会话商讨"等多种新型教学方法的综合运用，形成一个现实与虚拟、个别化与大众化相统一的有效教学模式。该模式克服了传统教学"灌输式"的弊端，同时又充分发挥了高校思想政治教师在学生学习、生活中的重要引领作用，在"网上"与"网下"形成双向互动的良好师生关系。教育主体也更加尊重教育客体的主体性和地位，教育客体的主体意识和自主性被激发出来，主客体间可以在更加宽松的环境、更为轻松的氛围和更具平等性的空间中进行对话。通过情感上的交流、思想上的碰撞，引导学生自觉接受并形成正确的思想，践行正确的言行。

总体来看，网络为传统思想政治教育改革带来了机会。广大思想政治教师要积极利用网络平台，传播正能量，引导高校学生思想政治观念的转变。

2. 促使教学内容更接近现实发展

在网络飞速发展的环境下，高校思想政治教育内容的开放性来源于信息交流实践的广泛性和网络传播的开放性。信息网络是一个开放的空间，它包含丰富的文字、图片、声音、视频等资源，任何事物都可以以一种作为价值形态的信息的方式存在于其中。信息的流动性和信息社会的开放性，使新时期高校思想政治教育的内外生态环境发生了重大变化，传统思想政治课教学所采用的备课、讲课、作业、考试等教学环节和所选择的教学内容，已满足不了形势发展的需要，高校思想政治教育内容逐渐呈现出全方位的多元性与开放性特征。

随着信息技术的不断加速创新与广泛应用，人类交往实践的新矛盾、新问题层出不穷，高校学生的思想认识也会随着视野的不断扩大，以及所接触信息的日益丰富而不断发展，高校思想政治教育将会遇到许多新的问题与挑战，这些变革都要求高校思想政治教育内容处于开放、发展与创新的状态。为了与此相适应，高校思想政治教育工作者要摆脱传统的静态、封闭地看待和处理问题的视野与方式，处理好教育理念、教育方式、教育内容的相对滞后与信息交流实践不断发展之间的矛盾，以启发、探究、自主学习、互动交流等为教育的基本形式，根据网络社会发展的新实践，不断添加新的教育内容，不断创新和发展教育内容。比如，一些重大政治事件在没有任何官方消息时，网上的消息、评论早已铺天盖地，学生在教师授课前早已有了自己的观点。如果教师还是不顾周边形势的发展状况，一厢情愿地按照老一套思想政治理论课的模式向学生灌输书本知识，就会使学生反感并质疑教师观点的可靠性。理论和现实的脱轨会使学生不再信任教师所传授的教学内容，这对于教学目标的实现是非常不利的。有人说，当教学过程中学生的学习兴趣被激活了，学习行为发生时，教学过程才真正产生。当学生对教师的教学产生怀疑甚至否认心理，这样的教学是低效的，甚至是无效的。因此，这就要求思想政治课教学必须结合实际，不能再坐等结果。教师应该在其教学中适当引入网络教学环节，借助网上报道的即时发生的事件及议论，及时调整教学内容，认真进行分析、评价，将理论教学与网络教学有机地衔接，将课堂理论教学与现实世界有机地紧密联系在一起，这是思想政治教师贯彻用实践检验真理、理论联系实际的最直接做法。同时，这种教学模式还有利于及时吸收当前理论界和科学发展的新成果，以弥补因教材出版和使用周期而造成的某种滞后性，让学生心悦诚服地接受其价值观导向，从而提高高校思想政治课教学的时效性和有效性。

3. 增强学生学习的主动性

网络为师生提供了一个开放的互动平台，使教学成为在教师引导下交互式的双向活动。在网络社会的虚拟空间里，学生更容易放开顾虑，表达内心的真实想法，因而有助于促进师生之间的交流，有利于教育活动的深入有效进行。高校校园网络建设取得明显成效，校园网已深入教学、科研、社会服务等各个领域，成为高校师生获取信息、丰富知识、学习交流的重要渠道，在推动教育改革发展、促进思想文化交流、丰富师生精神生活等方面起到了积极作用。校园网络技术的发展和普及，拓展了思想政治教育工作的途径，为加强高校思想政治教育带来了新的机遇，对高校学生的思想政治教育产生积极的影响。丰富的网络信息，使高校学生冲出了相对封闭的校园天地，进入一个宽广的五彩缤纷的新世界，使他们知道了许多新事物，使其主体意识迅速觉醒并不断增强。他们不满足于教师的灌输，而是积极主动地猎取各种思想政治教育的知识和有价值的信息，不断探索人生道路上的正确的心态、理想和精神，与教师进行良性互动。同时，构建网络教学还可以使多个学生针对同一内容，彼此交互合作，以达到对教学内容比较深刻的理解和掌握，提高学生协作学习的能力。

由此可见，网络为我们提供了一个新的、不断发展的思想政治工作阵地，我们可以及时占领这个阵地，不失时机地利用这种有效的传媒，转变高校思想政治课网络教学以教师为中心的教育观念，打造以学生为中心的教学格局。学生可以自主确定学习内容和安排学习进度，增加学习的主动性，也可以在网络的学习环境中获取更多的知识。在学习过程中，随着信息量的增大，学生的视野在扩大，学生的学习方式、思维方式也会逐渐改变，自主学习能力不断增强。

网络发展既给高校学生带来诸多便利，也给高校思想政治工作带来许多新的机遇。网络作为信息载体和新形式传媒，在高校学生思想政治工作中有独到的优势：其信息的共享性、影响的广泛性、传播的快速性、教育形式的生动直观性，是其他传媒难以企及的。例如，互联网拓宽了高校思想政治工作的空间和渠道，使广大师生"足不出户，尽知天下事"。互联网有利于教育观念现代化，它变学生被动接受教育为学生自主学习，变思想政治教育由单向灌输为双向交流互动。网络信息集知识性、娱乐性、趣味性和政治性于一体，极大地提高了网络信息在思想政治工作中的时效性和影响力。因此，高校如何充分利用网络等现代传播手段，搭建起有效的思想政治教育平台，积极开展网络条件下的思想政治教育，用马克思主义占领高等学校教育阵地，是一个非常重要和需要进一步解决的课题。

（二）创新高校思想政治教育网络教学模式的原则

1. 以人为本原则

随着网络传播媒介的发展，越来越多的信息在丰富的网络传播媒介中以生动、快捷的形式呈现在我们面前。网络信息便捷、丰富、经济，以其独有的魅力吸引着高校学生的眼球，个人对社会的关注也因此变得更加多元化，这无形中削弱了高校学生对传统思想政治教育模式的关注热情。

和传统的思想政治理论课教学一样，网络教学的对象也是人，只有激发起学生的主动精神时，教学内容才能真正地内化为学生的知识，提高学生的能力和觉悟。因此，教师要充分尊重学生的主体性，在更宽松的环境下设置疑问和互动环节，让学生面对一些合理的情景再现，在网络上主动地发表自己的意见和看法，与教师积极探讨，在不断的争论、纠错和价值澄清中实现价值观的重塑。在此过程中，教师要积极地充当引路人，通过入情入理的商讨，引导学生接受并形成正确的观念，而不是一味地以学术权威自居。当然，网络教学模式强调学生的主体性，也同样不能忽略教师的引导作用。

忽略教师自身资源的开发和利用，将原本的人与人的交流，变成人与机器的交流、人与屏幕的交流，这样的教学未必是高效的。网络教学的很多关注点的确能引起学生一时的兴趣，但这往往只是好奇心使然，而不是学习的热情。如果在网络教学模式中忽视教师自身的人的作用，没有发挥教师的合理引导作用，没有利用学生的兴趣来激发其学习的热情，使其真正参与到对知识的探索与思考中来，就不是真正的以人为本、以学生为本。以学生为本，是要在教师的合理指导下培养学生的主动精神、学习热情，因此，网络教学的以人为本原则是要激发学生内心对知识的需求和欲望，调动其心智能量进行学习活动。

2. 师生平等原则

网络环境下高校思想政治教育主体的平等性表现在两个方面：一是主体地位的平等性。网络交往的隐蔽性消解了传统人际交往的"社会的樊篱"，教师与学生的身份、年龄、性别等符号不复存在。没有人知道你是领导还是专家，是教师还是医生，是七十岁的老人还是几岁的娃娃。在网络空间里没有权威，没有明星，没有富翁，没有乞丐……一句话，没有高低、长幼、贵贱之分，每个人的地位都是平等的。二是主客体的不确定性。换句话说，教师与学生的身份是不一定的。在互联网迅速发展的情况下，传统的金字塔式的知识等级结构已经土崩瓦解。老一辈对后辈的启蒙正在不断地失去"市场"。在互联网上，老年人的反应往往比青少年迟钝，很多大学教授不会使用计算机，因而堵塞了通过互联网获取知识与信息的渠道。相反，学生在网上却轻车熟路，来去自如，通过互联网获取大量的知识和信息。很多时候，学生反而成了老年人的电脑启蒙者。

因此，在高校网络教学实施的过程中，由于空间的开阔，教育双方在思想的表达上，比面对面的交流更加游刃有余。网络教学模式赋予了学生在教育活动中的自主权和主动权。因此，教师在网络教学过程中，就必须遵守这一规则，改变过去高高在上的教育心理。教师只能通过自己的努力，以更人性化的形式加强与学生的沟通，使自己发出的教育信息获得学生的共鸣，从而让自己成为影响学生思想形态的引导者，最终达到帮助学生自我教育、自我塑造的目的。因为在网络教学这样一个特殊的媒介式教学环节中，学生已经不再是被动的接受者，由于主客体关系的模糊性和相对性，他们往往会在教学过程中以其自身的思想观念对教育内容做出取舍，抛弃其认为不合情理的部分，留下具有高度认同感的价值观念和知识。因此，在网络教学中，教师要充分利用并遵守网络交流方式的平等性原则，增强师生之间的情感交流的真实性和直接性，让教育更加人性化。

3. 共建共享原则

网络最大的优点之一在于资源共享，那么教师在教学过程中自然也就更应该积极地顺应这种特征，学生所希望的也正是通过网络教学这种现代方式来扩大信息量，争取学习的主动权。因此，教师需要想方设法地在教学网站上注入更丰富的信息，让学生能够扩大视野，了解社会动态和科技状况，充分了解当前社会经济、政治、文化的发展轨迹。在资源的享用上，教师和学生的角色往往要发生置换，在浏览网页、选择和吸收各种信息时，学生是以受教育者的身份出现的，而在参与各种信息发布等实践活动，将自己的思想、观点、看法及信息传播出去时，学生又成为教育者。因此，在网络教学过程中，师生关系需要进一步融洽，角色要不断地进行交叉更替，从而促进思想的传播。

（三）创新高校思想政治教育网络教学模式的保障

1. 构建高校思想政治教育网络教学平台

思想政治教育主题网站，尤其高校学生网络思想政治教育的主题网站主要由高校建设，是加强和改进高校学生网络思想政治教育的重要阵地。其手段是思想政治教育工作者按照网络运行规则，通过相关网络建设和网络思想政治教育信息的制作、传播和控制，使学生接受正确、丰富、生动的网络熏陶；其目的是使学生的思想观念、政治观点和道德规范等符合社会需要。教师可以依托这样的平台开展各项网上教学活动，包括课程内容、教学课件和其他教学资源的上传浏览，作业的布置与批改，师生网上交流，学生自主学习等，为教学提供全面的支持服务。思想政治课网络教学平台实质是集舆论宣传、思想交流、提供服务、提升素质于一体的寓教于乐网站。作为具有较强互动功能的高校学生的网上精神家园，它无疑将成为展示高校学生时代风貌、服务高校学生成长成才的平台。

高校思想政治教育网络教学平台的内容主要包括课程基本信息模块、课堂教学互动模块和作业与测试模块。课程基本信息模块包括课程简介和教学资源两部分。合理使用课程基本信息模块，可以提升网络平台的应用效果。与时俱进地改变课程的基本介绍的内容，结合教学改革改进教学大纲的内容等，可以提高网络课程对学生的吸引力，进而提升网络辅助教学平台的使用效率。课堂教学互动模块应该是思想政治课网络教学平台的主体部分，主要包括课程的答疑讨论、问卷调查、师生讨论、在线留言几部分。灵活使用该模块，对促进师生交流、提升教学效果有明显的作用。作业与测试模块属于学生参与网络辅助平台的应用部分，包括课程作业应用、课程在线测试等内容。课程作业是学生学习反馈的重要内容之一，也是网络平台上师生互动的主要形式之一。教师在教学平台注册后可以及时地在线发布作业，通过网络辅助平台，学生能够及时地接收作业，并且完成后可直接提交给教师，实现作业的无纸化管理。通过适时适量的网络课程作业，教师可以了解学生的学习效果，掌握学生的学习动态。

网络是当代青年学生沟通、联络、聚集的重要平台，因此也是高校思想政治教育工作者了解青年学生的窗口。在这种虚拟的场所里，教师和学生并不需要面对面地交流，因此它在一定程度上可以使学生克服胆怯心理，相对真诚地表达出自己真正的想法和看法，为教师真实地把握学生的思想动态提供了比较有利的条件，也使得教师可以针对学生的思想状况进行有针对性的引导。但是网络教学平台要成为有效教学的重要手段，其功效的发挥还不仅仅于此。这就意味着在这种虚拟的网络环境中，学生不能缺席，必须重视学生的参与，这种参与更加强调的是教师和学生的交互性，要求教师从学生的心理和地位出发，更加平等地和学生进行沟通和交流，从而促进学生知识、情感和能力三维目标的实现。另外，网络平台不仅可以作为教学手段，也可以主动、快速地传播校园之中的一些关键信息，如思想教育、心理健康、就业创业等，通过链接的形式实现信息的同步发布与共享。这对于高校和高校学生来说都是非常有益的事情。

高校网络平台的建设，是需要遵循一定的规范的。一是必须紧扣党的统一要求，立足网络时代带来的新机遇与挑战，积极响应、及早介入、主动作为，通过正确、积极、健康的思想、文化和信息，切实有效地占领网络思想阵地。通过广大思想政治教育教师运用网络发布心得与感悟，带动高校学生明辨是非、真假。广大思想政治教育教师通过丰富网络平台的内容，增强校园网络平台的吸引力、感染力，实现思想引领。当然，除遵循一定的网络平台构建规则外，还需要加强对校园网络的监督。网络舆论监督是一个新领域，应有专门的机构和法律来规范网络舆论，这当然包括加强国内的网络管理，积极发展和正确引导网络文化事业；我国还要积极参与国际信息资源的利用和竞争，参与国际上关于网络发展的国际公约和协议的制定。

二是要加强对学校网络的监控，注意收集、分析网上信息，保留并扩大有益信息的影响，阻止有害信息入侵校园网。

三是要规范网络运行，引导学生树立正确的网络观念，增强学生上网的法治意识、责任意识和安全意识。

四是要结合学校实际，制定网络管理的规章，如《关于高校学生使用校园计算机网络管理办法》《关于严肃网络纪律的通知》等，以规范网上秩序，严肃网上纪律。

五是要加强对学生的日常生活管理，教育学生处理好上网与学习的关系，引导学生合理使用网络。

2. 加强网络思想政治教育队伍的建设

实施思想政治教育的主体是人，而且网络是由人创造、由人使用的，人在网络思想政治教育中的作用永远是第一位的。高校学生的网络思想政治教育实践中出现的问题，很大程度上是由人的素养不足导致的，无论是思想政治教育主题网站的维护，还是思想政治教育网络课程的申报和开设，都离不开具有坚定的网络思想政治教育信念的、掌握一定网络技能的、负责任的网络思想政治教育者和网络思想政治教育队伍。思想政治教育能否利用网络，或者说思想政治教育能否在网络环境中取得最优的效果，关键因素是人。搞好网络时代的高校学生思想政治教育工作，必须有相应的人力资源，因此，我们要培养一支既有较高的马克思主义理论水平，又懂得网络技术、了解网络特点、善于运用网络进行宣传和思想政治工作的队伍，以科学生动的内容和丰富多样的形式，充分利用网络阵地进行高校思想政治教育。

（1）提升高校网络思想政治教育工作者的个人能力。网络思想政治教育队伍成员应该具有政治的敏锐性和工作方法的艺术性，在网上做好一个聆听者、讨论者、询问者、解答者、整理者、服务者、建设者和联系网络与现实的沟通者。这就需要高校网络思想政治教育工作者转变观念，提升技能。

首先，转变思想政治教育工作者的观念。传统的思想政治教育工作者具有多年的思想政治教育经验，形成了一定的思想政治教育的方式和方法，往往不愿也不善于主动使用网络等现代化教育方式。网络思想政治教育的实施，迫切需要转变思想政治教育工作者的传统观念，使其认识到高校网络思想政治教育发展的趋势和重要性，提升网络使用技能，丰富思想政治教育平台。其次，提高思想政治教育工作者的网络应用技能。很多思想政治教育工作者的网络知识薄弱，难以充分利用网络资源，需要相关部门加大网络技术培训力度，通过网络知识培训、教育基地研习等方式，帮助他们提高网络技能，使他们能够熟练地操作网页，了解热门网站及应用，提高他们的网络专业化水平。最后，引导思想政治教育工作者争当意见领袖。意见领袖就是在信息失范的情境下，以极具说服力的言辞和自身的威望对网络舆论进行引导的人。网络舆论的难控性和影响力要求网络思想政治教育工作者具备网络意见领袖的素养，成为高校学生网络舆论的指向标和领航者，引导高校学生网络舆论和思想行为的正确方向。

（2）建立精干的专职和兼职相结合的网络思想政治教育队伍。专职的网络思想政治教育队伍需要把握网络环境下高校思想政治教育的基本内容，通过在网上宣传党的路线、方针、政策，弘扬中华民族优秀的传统文化，宣传社会主义现代化的建设成就，使高校学生坚定马克思主义和共产主义信仰；需要及时调查研究高校学生的思想动态和关注的热点问题，通过理想信念教育、形势政策教育、网络道德和法治教育等，有针对性地解决高校学生的思想倾向问题，做好网络思想政治教育的引导工作；需要在网上宣传学校的成就和一些重要的政策、措施等，推进学校的校务公开和决策民主，开展网络和实践活动，活跃高校学生的课外生活。此外，还应有一支覆盖面广、思想觉悟高、政治立场坚定的兼职网络思想政治教育工作队伍。这支兼职队伍主要包括大学辅导员、党政干部、德育教师，也可以包括有责任心的社会名人和网络上的意见领袖，以及其他有益于开展网络思想政治教育的人员。他们可以通过各类网络思想政治教育平台和载体，参与交互性较强的网上栏目，与高校学生以平等的身份进行交流，了解学生的真实意见，引导网上舆论，努力使正面的信息处于主导地位。

3. 肯定教师在虚拟课堂中的主导性

作为理论课堂教学的重要补充，高校思想政治课网络教学环节的实施，需要教师在紧紧把握教育教学大纲的前提下，注重教师合理的导向功能。传统的教学方式更多的是植入性教学，明确、直接地将教育目的、教育内容以及相关信息传播给学生。而网络教学则刚好相反，它是一种渗透式的教学模式，大量的信息出现在学生面前，他们依据自己的思想基础和需求去处理各种问题和吸收知识，在潜移默化中构建正确的价值观和社会理想信念。因此，教师要尽力发挥教育者的引导作用，主导虚拟课堂的有效进行。

首先，教师要依靠丰富的网络教学资源，构建虚拟课堂的教学空间。网络教学资源是虚拟课堂的基础，教师应根据教学的需要，对相关文字、图片、视频等进行精心筛选、分类，制作教学课件，存放于网络平台中，实现教学资源的远程共享。教师通过运用音频、视频、动画、图片和案例文本等形式，把生动丰富的社会生活资料展现在学生面前，让抽象的理论具体化、理性的知识感性化。通过网络及时发布和反馈教学信息，教师将清楚地掌握学生在学习方面存在的问题，了解什么学习资料更有助于学生的学习，通过从网络中筛选、优化、整合资源，为学生选取适合的学习资源，供学生学习。

其次，教师不仅要在现实课堂上与学生交流，还应加强网络空间的虚拟对话。教师以平等对话、研讨、交流等互动形式，努力用事实说话，引导真理、批判错误，引导学生在不知不觉中掌握先进思想和理论的精髓。整个教学环节要保证既能够满足学生学习的自主性，体现以学生为主体的教学理念，又能够避免网络学习的随意性，使网络真正为思想政治理论教学服务，取得明显的教学效果。

最后，作为塑造灵魂的课程主导者，高校思想政治教师还要在教学过程中极尽育人的功能。网络信息的复杂性使学生常常处于鉴别与选择的困惑中，因此，教师需要承担育人功能，帮助学生提高网络辨别力和免疫力，同时带领学生积极运用网络进行科学理论宣传，对腐朽错误的思想言论进行激烈批判，使学生在深入实际的真理辨别过程中，更进一步地加强理论修养和人格塑造。

第三章 美学与高校思想政治教育理论

第一节 高校思想政治教育教学应重视美学教育

从根本上讲，思想政治教育与美学教育的目标是一致的。思想政治教育与美学教育具有内在的联系。思想政治教育与美学教育在基本任务和目的归宿上，又有必然的内在联系。美学教育通过在个体心灵中培养一种明晰的形式秩序感，为良好的道德修养开辟了道路。事实上，一个人的成长，一个民族的兴旺，都离不开美学教育的教化和熏陶。从这个意义上讲，思想政治教育和美学教育是相辅相成、密不可分的有机统一体。现代美学教育观念与人的全面发展理念是根本一致的。现阶段思想政治教育的根本任务之一是，要培养千千万万有理想、有道德、有文化、有纪律的中国特色社会主义合格建设者和可靠接班人，这同美学教育为造就德智体美全面发展的人才而服务的任务是完全一致的；人类也正是按照美的规律塑造自己的。道德的人只能从审美的人发展而来，不能由自然状态中产生。因此，思想政治教育要培育"四有"新人，离不开美学教育；"四有"包含了美的内容，融合了美的成分。

新的历史时期，高校肩负着培养学生综合素质、促进学生全面发展、为中国特色社会主义现代化建设培养合格建设者和可靠接班人的神圣使命。美学素养是当代高校学生综合素养的重要表现形式，高校在思想政治教育教学工作中必须予以高度重视。美学在人文素养培养方面具有得天独厚的优势：在培养当代高校学生认知能力、沟通能力、思维素养以及人文精神方面发挥着至关重要的作用；在实施人文教育方面有着不可比拟的优势。美学教育功能源于工具性与人文性的特点、源于美学学科独特的人文教育功能。思想政治教育是一定阶级、政党、社会群体，用一定的思想观念、政治观点、道德规范，对其成员施加有目的、有计划、有组织的影响，使他们形成符合一定社会、一定阶级所需要的思想品德的社会实践活动。在思想政治教育中融合美学教育是思想政治教育研究和思想政治教育实践中不可回避的。在高校思想政治教育过程中，必须借鉴美学教育，从而更好地发挥思想政治教育的育人功能。

需要重点指出的是，高校思想政治教育教学中尤其要重视当前高校学生表现出的新特征、新规律，积极借鉴美学教育中的人文教育元素。所谓人文教育，是指对受教育者进行的旨在促进其人性境界提升、理想人格塑造，以及个人与社会价值实现的教育，其实质是人性教育，其核心是涵养人文精神。从这一介绍可以看出，人文教育在教育价值上强调以经济社会发展需要、个人发展需要为中心，其根本目标在于培养受教育者的健全人格、促进人类精神的完善；所追求的目标是实现提升人性与提高人力的统一，培养既有健全人格又掌握生产技能的劳动者，也就是既具有明确的生活目标、高尚的审美情趣，又能创造和懂得生活的人。

美学在人文教育方面具有无可比拟的巨大优势，主要是由美学的工具性和人文性的特点，以及美学的审美功能和德育功能所决定的。通过高校思想政治教育教学实践工作的特点和功能，使学生在学习过程中，透过书本，既可以做到通古融今，又能够放眼世界、涵养精神、陶冶情操、塑造灵魂、启迪审美。人文教育作为一个综合性的概念，美学教育中正是包含了对学生广博的文化知识滋养、高雅的文化氛围陶冶、优秀的文化传统熏染和深刻的人生实践体验。

第二节　高校思想政治教育中美学教育的特点和功能

一、美学教育的特点

一是美学教育具有渐进性和连续性。思想政治教育只有建立在渐进性和持续性的基础上，才能有效实现人文积累、人文养育；也只有不断地进行连续性、循序渐进的心灵渗透，才能将美学教育功能更好地以经验解释和经验唤醒，对高校学生产生持久的影响。在高校开展思想政治教育的过程中，如果单纯为了教学而教学，不注重美学的持续性"灌输"，或者仅仅按照学校课程安排，将思想政治教育中的美学渗透在某个学期、某个时间段，那么美学自身所具有的教育功能则难以在高校思想政治教育教学实践中发挥作用。

二是美学教育具有强烈的创造性。美学所蕴含的人文教育意义更具有抽象性、隐喻性和耐人寻味性，尤其是一些具体事务所蕴含的道理等深层面的逻辑，需要通过高校学生发挥丰富的想象力和抽象升华才能更好地体会，并悟出其中的道理。美学教育重在激发想象和创造力，让高校学生去找感觉，不单纯停留在记住一些概念和知识的层面上，因而体现出强烈的创造性。

二、美学教育的功能

归结起来，美学教育的功能在高校思想政治教育中主要体现在以下三个方面：

首先，美学教育渗透到思想政治教育教学中，表现出强烈的德育功能。高校思想政治教育教学所涵盖的理论与案例都代表着智慧与思想，或揭示着深刻的人生哲理，或闪耀着真理的光芒，或渗透着美好的人性，会对高校学生的世界观、人生观和价值观产生潜移默化的影响。美学一旦深入高校学生的心灵，便会成为推动他们道德进步的强大精神动力，有利于构建积极向上的道德情操，促使高校学生与教育者间的思想交流与碰撞，并积极思考、探究，从中获得某种精神启迪，树立高尚人格。美学教育的德育功能，也正是高校开展思想政治教育借鉴美学教育的根本出发点，是美学教育与高校思想政治理论教育、实践工作相结合的契合点。

其次，美学教育渗透到思想政治教育教学中，表现出浓厚的审美功能。高校思想政治教育中所采用的理论与案例，无不体现着中华民族上下几千年的宝贵精神财富、浓厚的历史文化传统和强烈的民族情感。美学教育浓厚的审美功能主要是通过渗透感觉美、情感美体现出来的。高校学生在享受和欣赏人文教育的同时，能够得到心灵上的提升与净化，得到一种精神层面的审美满足。

最后，美学教育渗透到思想政治教育教学中，表现出强大的创新性思维培养功能。在美学教育过程中，高校学生深刻领会到自身内在的感性与理性的交织、形象思维与抽象思维的碰撞；对于思想政治教育中所蕴含的本质规律和深层次的道理，需要高校学生充分发挥自身的创造性思维去发现、探索。美学教育的这种功能，也正是高校学生不断积极发挥创造性、将思想政治教育理论所蕴含的道理内化为自身情感、提升自身人文素养的过程。这一过程也正是美学教育强大的创新性思维培养功能的形成过程。

三、高校思想政治教育教学实践应当积极借鉴美学功能

一是创新思想政治教育途径，要重点借鉴美学教育中的人文精神教育和德育功能，以提升学生的综合素质。美学教育中的人文精神教育主要涵盖了涵养人的精神、陶冶人的情操、塑造人的灵魂、启迪人的审美等方面。高校思想政治教育要以培养学生的人文精神为重点，不断提升学生的综合素质。以提升人文精神为重点开展人文教育是高校开展思想政治教育的重要平台。通过美学教育中的人文精神教育，能够不断规范高校学生的日常行为，不断培养他们积极乐观、健康向上的精神状态，让他们时刻以提高时代责任感和社会责任感为自身约束力；美学教育中的人文精神能够通过文化熏陶提升高校学生的文化修养，不断激发他们丰富的创造力和想象力，时刻将良好的人文素养与人文知识有效结合，让他们时刻以社会主义现代化建设为己任，以实现中华

民族伟大复兴为己任，投身到文化知识的学习中。

二是借鉴美学教育开展高校思想政治教育，需要在实践过程中时刻坚持以学生为本，不断充实美学教育的内涵。在高校开展思想政治教育，其最根本的目的在于提升高校学生的人生境界，塑造他们健康完美的人格，实现个人价值与社会价值的统一，让其更好地为经济社会发展服务。高校开展思想政治教育必须积极借鉴美学教育功能，必须坚持以学生为本，正确、客观地认识和看待当前高校思想政治教育工作所面临的实际困难，充分认识到高校学生在特殊年龄阶段所呈现出来的心理和生理特点及规律，深刻体会到高校学生在人文关怀方面尤为渴求得到周围人群的尊重与认可这一现实规律。开展思想政治教育，必须时刻坚持以学生为根本，不断充实美学教育的内涵，主动关心学生、尊重学生、理解学生、帮助学生，从不同学生群体现有的心理需求和个体差异出发，开展具有层次性的人文教育和人文关怀。

三是借鉴美学教育开展高校思想政治教育，必须不断夯实思想政治教育的基础。在美学教育过程中，包含了对学生广博的文化知识滋养、高雅的文化氛围陶冶、优秀的文化传统熏染和深刻的人生实践体验等丰富内容，对提升学生的综合素质、培养高素质合格人才发挥着至关重要的作用。高校思想政治教育借鉴美学教育，必须不断夯实基础，深刻体现美学教育所包含的丰富内容。夯实思想政治教育的基础，需要高校从事思想政治教育理论教学及实践工作的教师队伍不断提升自身的人文素养，为高校思想政治教育提供最为鲜活的人文教育源泉；需要高度重视高校学生的思想动态、心理动态，建立科学规范的心理及思想动态干预机制，通过思想政治教育为学生提供和谐、轻松、积极的心理氛围和思想环境；需要不断开展丰富多彩的校园文化活动、社会实践活动，创新思想政治教育活动的形式和途径，拓宽人文教育的渠道。

四是创新思想政治教育途径，要借鉴美学教育功能不断塑造高校学生的崇高理想人格。美学教育注重引导学生学习人文艺术学科，不断汲取人类优秀的文化精髓，濡染与涵养人文精神；在获得人文知识的基础上认识人的本质。高校思想政治教育中借鉴美学教育来塑造高校学生的崇高理想人格，要按照美学教育功能重点塑造学生的理想人格。借鉴美学教育中的人文精神教育，要以传授人文知识为主，引导学生用人文方法观察事物，分析问题，正确认识和处理人际关系、社会关系、物我关系，培育学生对自然、人类社会普遍的关怀之情，促进学生全面、和谐地发展。

第三节　高校思想政治教育教学中引入美学的现实意义

高校思想政治教育教学中引入美学的现实意义如下：

一是在美学视域下研究高校思想政治教育教学工作可以顺应人文学科发展的潮流，改变目前高校思想政治教育低效的现状，促进高校思想政治教育的科学化发展。

美学和思想政治教育的学科交叉不是简单的学科罗列和构建，而是借鉴和运用美学的理论和规律研究高校思想政治教育的有效性。美学和思想政治教育本身就是高度综合的学科，它们的交叉更具有高度的融合性。它们的结合可以综合运用哲学、美学、心理学、教育学、政治学、伦理学等学科的理论知识，而且可以不断吸收现代自然科学、社会科学和思维科学的最新成果，使高校思想政治教育有学科化突破，获得长足发展。在美学视域下研究高校思想政治教育拥有强大的实践性优势，传统的高校思想政治教育工作采取单一的教育内容和形式，不注重教育方法和艺术，难免会使高校学生产生厌倦，甚至出现反感情绪，使得高校思想政治教育教学成为假大空、形式主义的代名词。美学拥有美的力量和育人功效，美学渗透到高校思想政治教育工作中，不仅开拓了思想政治教育新的视角，更给我们带来了美的享受。单一的灌输的教育方式被具有吸引力、感染力和凝聚力的教育方式取代后，必定会提高高校思想政治教育的科学性和有效性，产生社会效益。

二是审美关系构建有利于实现高校思想政治教育主客体互动。高校思想政治教育是一项特殊的审美活动，而审美活动的发生是审美主体与审美客体双向互动的结果，教育主体和教育客体互为审美主客体，在审美活动中得到了真正的互动和提高。审美活动是人的感性的活动。

美学视域下的高校思想政治教育在传授理性的人生观和价值观的时候，弥补了传统意义上的高校思想政治教育缺乏主客体知觉性和情感性交流的不足。人对事物的感性把握，使人首先形成了对事物个别性质的认识，这就是感觉，然后将个别的感觉整合起来，形成知觉。人认识事物，都始于感知，但是审美所强调的感知把握并不排斥理性认识。美学视域下的高校思想政治教育客体在对教育主体进行审美时，首先形成对教育主体的知觉认识，这时的知觉建立在过去的知识和经验的基础上，他们在过去积累的丰富、深刻的经验使得这种知觉趋于强烈、趋于明晰、趋于完整，教育客体在审美过程中获得了发展和升华。情感是感性和理性的中介，它一头连着感知，另一头连着理智，任何情感都是有感而发的，要在高校思想政治教育实践中认识到高校学生的认识和行为活动发展变化的规律，除了让高校学生从理性上认识什么是对错、什么是美丑、什么是善恶，还要用情感作依托，寓教于情、诉之以理、动之以情、以情感人，将情感化作无穷的力量，持久地在高校学生今后的生活中延续。

三是美的潜能激发能够有效地推进高校思想政治教育客体的发展。美学视域下的高校思想政治教育使教育客体的感性与理性、个性与社会性、情感与理智和谐一致，使知、情、意三者达到了有机统一。

美学视域下的高校思想政治教育相比传统的教育方式拥有更大的优越性。教育客体不再被动、机械地接受知识，他们把知识变成了自己的智慧、想象力和创造力。同时，教育客体的情感得到陶冶，并主动进行情感体验，感知和感受外在的道德规范和"律令"，内化成了自身强烈的需求，结晶成了自觉的正义与良心。感性能力是一种体验生命的能力，是感性个体在与生活和世界的"碰撞"中，同生活与世界结为一体，去感悟生命的意义和价值的能力。教育主体通过美的形式、美的力量将教育客体的感性融于高校思想政治教育工作中，使教育客体认识到生活的美丑善恶，让教育客体体验到生活的真谛。教育客体的思想潜行在情感活动之中，通过自我教育使他们摒弃人生丑恶，超越阶级阶层的束缚，超越个人自我的得失，塑造高尚人格。人都有自己独立的生活个性，美学视域下的高校思想政治教育真正关注个体情感的体验，主、客体双方发自内心的情感交流让教育客体在经过情感的刺激得到升华的同时，由于个体不同的情感体验，也得到不同的情感感知，使得教育客体产生个性的多样化发展。情感和感知的提升刺激使得教育客体的心灵得到陶冶，对外界的感知变得敏感和细腻，其思维会得到训练，通过接受感性的直观的材料得到抽象思维和逻辑能力的空间的弥补和开拓。美学视域下的高校思想政治教育使教育客体感性、动情地体会、接受，不知不觉地产生共鸣、共振，潜移默化地成长，给教育客体以思想疏通和价值关怀，实现了教育客体生命精神能量的转换和创造性生成，真正关注了人的全面发展。

第四节　美学视域下高校思想政治教育教学的重点环节

高校要高度重视思想政治教育教学工作的重要性，坚持在思想政治教育教学工作中融入美学元素的一贯性和持续性。高校要充分认识到思想政治教育教学在推动自身发展过程中凝心聚力扫除思想障碍、团结广大员工方面的积极性，充分认识到思想政治教育教学工作是高校生存发展的思想生命线。高校在促进自身发展、坚持以教学科研管理为中心的同时，要切实搞好思想政治教育教学工作，以更好地服务自身发展、培养国家社会发展所需要的大量合格建设者。高校要把思想政治教育教学工作与自身改革发展紧密联系，采取物质、思想两个方面的激励机制调动全体师生员工投入学校各项事业中，为长远发展提供强有力的思想保障。高校思想政治教育工作要坚持长时间"抓教育"，不能在遇到思想问题的时候才想起思想政治教育的重要作用；高校要在思想政治教育中，根据自身实际情况，认真研究生存发展中遇到的各种思想问题，梳理广大师生员工所关注的焦点和难点问题，通过开展思想政治教育工作，增强广大教职员工参与高校工作的主动性和积极性，提高自身促进高校改革发展的责任心。

要采取思想政治教育教学新模式。伴随着社会主义市场经济体制的发展完善以及高校改革的纵深发展，高校在思想政治教育教学方面面临着前所未有的新形势、新挑战。如果高校在思想政治教学中再采取原来的工作模式，就很难解决当前出现的这些新问题和新挑战。因此，高校必须在新形势下创新思想政治教育教学工作的模式。创新模式，就是要不断更新思想政治教育教学的内容、创新手段和方法，在高校思想政治教育教学中加强针对性和实效性，使新形势下的思想政治教育教学能够让广大员工接受、为广大学生所用，得到广大师生员工的真心支持。

新形势下高校思想政治教育教学要积极创新完善新体制、新机制。高校要做好思想政治教育教学工作，必须有健全的机制和体制保障。完善新形势下的高校思想政治教育教学的新体制、新机制，就是要不断完善高校思想政治教育教学的领导体制和工作体制，加强高校思想政治教育教学的领导工作，形成高校党委领导、党政共同负责、各个部门共同参与的思想政治教育教学新体系。同时，在思想政治教育教学中，要紧紧围绕中心，不断完善思想政治教育教学的激励机制和竞争机制；要完善校园文化体制建设，依托和谐良好的校园文化营造高校健康的教育教学氛围，充分调动广大教职员工的积极性，提高教育者、管理者的整体素质，为高校的更好发展扫清思想障碍。

今后，高校在思想政治教育教学中要根据形势充分掌握师生员工的思想新观念、思维新方式和思想新动态。高校面临着社会主义市场经济体制的不断完善和发展的新形势，面临着当今各种文化思想以及价值观的影响。高校师生员工所处的思想环境已经发生了根本性变化，突出地表现为高校师生员工思想上的开放性和自主性增强；判断事物更加全面，自我判断是非能力和实事求是的能力不断提高；效率意识、竞争意识不断提高。高校师生员工在思想上出现的这些变化也为高校思想政治教育教学带来了一定的负面影响，重点体现在：一些师生员工面对复杂多变的环境因素，不能从主观上很好地辨别是非，容易受到一些消极思想的影响，将这些不利的思想因素带到工作和学习中去。高校思想政治教育教学部门要在新形势下对师生员工出现的这些思想状况进行充分的把握和摸底，在思想政治教育教学中要坚持真理，坚持对师生员工说真话、讲道理，用大家容易接受的方式方法加强对其说服和教育工作，让大家在思想上心悦诚服；将思想政治教育教学同高校长远发展、师生员工自身切实利益结合起来，用将心比心的思想政治教育教学方法，用贴近生活、贴近实际的工作方法打动大家，将员工的消极、抵触思想变为积极思想，让他们主动投入实际工作，将促进高校长远发展和实现自身价值结合起来。只有这样，才能根据师生员工新形势下思想观念上发生的变化，取得令人满意的思想政治教育教学效果。

高校思想政治教育教学要从理解和维护师生员工切身利益的愿望和要求出发。通过深入分析当前高校思想政治教育教学面临的挑战和困难可以看出，高校师生员工在思想上出现的问题很大程度上与大家的切实利益息息相关。有的高校在思想政治教育教学中通过运用注重校园文化建设创新、注重关心群众切身利益的方式有效解决了师生员工在思想上存在的各种问题和矛盾，这种做法值得提倡。因此，高校在今后思想政治教育工作中要始终抓住师生员工的切身利益这个根本矛盾，紧紧围绕群众利益和热点问题，采用灵活的方式，脚踏实地地为大家解决实际困难。尤其是在高校深化改革的今天，高校既面临着校际间激烈的竞争，又面临着师生员工现实利益诉求的实际问题，这些问题都不同程度地影响和牵涉每一位师生的利益，其诸多思想问题也是由此而生的。因此，高校在今后的思想政治教育教学中要勇敢地改变传统习惯，以维护师生员工切身利益为根本出发点，想师生之所想，与师生进行零距离思想沟通、面对面交流；每当师生员工在家庭生活中、实际工作中、个人发展中存在困难和疑惑的时候，高校思想政治教育部门都应该在学校可以承受的范围内进行物质帮助和思想帮扶。

高校思想政治教育教学要以师生员工的充分、自由、全面发展为目标，不断创新载体。说到底，高校的思想政治教育教学只要解决好、发展好师生员工的思想问题和发展问题，就抓住了思想政治教育教学的主体，这也是保证今后高校思想政治教育教学健康和谐发展的关键。高校抓住了师生员工全面发展的这一关键，就从根本上把高校思想政治教育教学落到了实处。高校开展思想政治教育教学的时候，高校学生对其是否接受，不但取决于道理是否正确，在很大程度上还取决于这些道理是否能够促进他们自身全面发展、实现自身价值、满足自身要求。因此，高校在今后的思想政治教育教学中，要积极引导师生员工自身利益、自身发展同学校发展保持高度一致，引导大家认识到只有为学校发展做出贡献，才能更好地实现自身利益和价值；引导大家团结起来，在实现学校总体、全面发展目标的前提下实现自身的全面发展。要以师生员工的充分、自由、全面发展为目标，为实现师生员工的自身价值奠定必要基础，让广大师生员工感受到学校在实现发展的同时，也充分照顾了自己的合理诉求和实际愿望，感受到学校在开展思想政治教育教学中的感召力和吸引力。当师生员工真正体会到学校的的确确是在为实现自身全面发展提供各项条件的时候，高校思想政治教育教学才算得上是取得了实效。同时，高校要为实现师生员工自由、全面发展努力创造各种积极健康的环境保障，这种保障既包括制度层面的环境保障，还包括文化环境、工作环境层面上的保障，要做到在学校发展的同时让师生员工得到全面发展，形成学校与师生员工共同成长的和谐局面。

　　高校思想政治教育的对象是高校学生，是一群精力充沛、生命力旺盛的青年。大量调查和长期观察的结果表明，高校学生正处于走向成熟而又未真正完全成熟的发展阶段，易形成各种内心矛盾，如求知欲强烈与识别能力低的矛盾。主要表现在强烈的求知欲使其对一切新接触到的文化产生浓厚的兴趣，但由于其认知结构与思想方法简单，对真与假、善与恶、美与丑的分辨能力较差，受外界影响较大。从情感角度上看，由于自我意识的加强，高校学生的情绪易受环境影响，易冲动，在思维方式上带有冲动性、波动性、非逻辑性和直觉性，表现为情感与理性之间的矛盾。另外，还有独立性与依赖性的矛盾、理想性与现实性的矛盾等。要解决这些矛盾，使高校学生成为知情意统一的、感性与理性交互融合的"完整的人"，就必须重视"审美"。在高校学生思想政治教育中贯彻美学原则，借鉴美学教育方法，既是其自身发展的要求，也是整个社会的期望。

第四章　高校思想政治课堂理论教学概述

第一节　思想政治理论课的内涵

研究思想政治理论课的教学理论，必须把思想政治理论课的定位作为首要的依据，从它与其他学科的相互关系中，揭示本学科在整个教育体系中的重要性和作用。另外，思想政治理论课的定位、重要性、使命在整个教学过程中起制约和导向作用。因此，明确思想政治理论课的定位、重要性和使命，是思想政治理论课教学论的首要研究课题。

一、思想政治理论课的定位

高校思想政治理论课是对高校学生进行思想政治教育和道德品质教育的一门学科。它是社会主义高等教育的一个重要内容，是我党的思想政治工作的一个重要组成部分。

（一）高校思想政治理论课是以马克思主义为理论基础的一门学科

高校思想政治理论课是一门党性、实践性、理论性很强的学科。在高等教育中，其他任何专业学科都不能代替它。思想政治教育既渗透在高等学校各个教育过程和各个管理环节之中，又自成体系，有它自己明确的研究对象、研究领域和坚实的理论基础，有其独特的活动规律。

1. 高校思想政治理论课有明确的研究对象和研究领域

高校思想政治理论课的研究对象是高校学生，是研究高校学生的现实思想及其形成、变化、发展规律的一门学科。高校学生所处的年龄阶段、社会地位、学习条件、生活环境的特殊性，使他们不仅与其他年龄段的人在思想方法、行为方式上有较大的差别，同时也区别于同年龄段从事其他职业的青年，如农民、工人等。他们正确的思想、行为的形成和发展具有自身的特点和规律，这种特殊性决定了对高校学生进行的思想政治教育也应有与之相适应的特殊的教育规律、途径和方法。所有这些，都使它成为其他学科所不能代替的一门独立的学科。

2. 高校思想政治理论课以马克思主义作为坚实的基础

马克思主义关于社会存在与社会意识的理论；政治、经济、文化相互关系的理论；科学社会主义理论不能从工人运动中自发产生，而需要有外部灌输的理论；关于人的全面发展的理论等为探索高校教学的规律提供了强有力的理论武器。特别是马克思主义所认为的"社会存在决定社会意识""社会意识对社会存在具有反作用"，这两条原理是高校思想政治理论课这门学科的重要理论来源和依据。

马克思在谈到社会存在的决定作用时说："物质生活的生产方式制约着整个社会生活、政治生活和精神生活的过程。不是人们的意识决定人们的存在，相反，是人们的社会存在决定人们的意识。"这告诉我们，高校学生的任何思想意识都是社会存在的反映，并随着社会存在的发展而发生变化。同时，马克思主义又认为，社会意识对社会发展具有能动的反作用。这又告诉我们，只有教育高校学生树立正确的政治信仰、世界观、人生观和价值观，才能使其成为社会发展的促进者。高校思想政治理论课的对象主要是高校学生，根据社会存在与社会意识辩证关系的原理，高校思想政治理论这门学科的主要目的是培养高校学生积极进取、乐观向上的思想意识，改变他们被动、懈怠的心理状态，充分调动高校学生的积极性。因为当今高校学生所处的社会历史条件比较复杂，所以其思想也是多元的。青年学生正处在生理、心理的成长、成熟期，求异性强但又缺乏必要的辨别真伪的能力，使得一部分学生对西方的政治文化囫囵吞枣，盲目吸收，形成了思想上多元化和复杂化的现象，直接影响了高校学生所应有的马克思主义政治观、人生观、社会观、价值观的形成，并带来了极其严重的后果。高校思想政治理论课的使命就是要在这种新形势下，运用马克思主义的基本原理，结合我国的实际，教育青年学生自觉地同形形色色的非无产阶级思想做斗争，坚定他们的社会主义信念，激发他们建设社会主义的积极性。

3. 高校思想政治理论课注意采用其他学科的研究成果，来补充和丰富自己的理论体系

具体地说，高校思想政治理论课与以下学科有着密切的联系：

（1）普通教育学。普通教育学是揭示教育规律、论证教育原理、说明教育方法、指导教育实践的一门学科。高校思想政治理论课最根本的目的就在于培养高校学生的政治素质和科学的世界观，提高他们认识客观世界的能力，在认识客观世界的同时，不断地改造自己的主观思想，因此，它必须遵循普通教育学所揭示的一般规律、原理和方法。

（2）心理学。普通心理学是研究人的心理规律的学科。思想政治理论教育也只有符合人的心理活动的一般规律，才能取得预期的教育效果，特别是高校学生正处于身心发展、增长知识、形成正确世界观的阶段。因此，对他们进行思想政治教育，更要注重研究和掌握他们的心理活动规律。可见，心理学不仅为高校思想政治理论课提供

了一定的科学依据，而且直接为其提供了一定的方式方法。

（3）伦理学。马克思主义伦理学是一门系统论述无产阶级道德的学科。道德品质教育是思想政治教育中的一个很重要的内容。高校思想政治理论课要充分利用伦理学的研究成果，对广大青年学生进行广泛的、充分的社会主义道德教育，培养他们崇高的理想、坚定的社会主义信念和良好的道德品质。

（4）人才学。人才学是一门新兴学科，它是专门研究人才的成长、培养、合理使用等规律的学科。高校思想政治理论课为培养具有正确的思想品德、良好的政治素质的人才提供了根本保证。同时，人才学总是要从总体上提出一定社会、一定时期的人才素质结构和基本宗旨。高校思想政治理论课在培养人才的过程中，必须遵循一定社会、一定时期人才发展的总体要求，否则，就会产生"德""才"分家的现象。因此，高校思想政治理论课离不开人才学。

（5）行为科学。行为科学是二十世纪二三十年代发展起来，并于六七十年代成熟，是在西方资本主义国家兴起的，运用心理学、管理学、社会学等理论，研究人的需要、动机和行为的一门应用性很强的科学。从本质上讲，行为科学是同资本主义生产关系相联系的，是以资产阶级个人主义思想体系为基础的，强调个人的需要、利己的动机、以自我为中心，以超阶级的观点和历史唯心主义观点研究人，否定阶级的重要性和社会实践对人的影响。但是，行为科学的一些研究成果，如关于需要、动机和行为的理论，关于双因素理论，关于期望的理论，关于挫折的理论，关于群体的理论等都有其科学性，是我们可以借鉴和参考的。近些年不少教师借鉴了行为科学的一些合理因素，在工作中取得了一些好的效果。当然，西方行为科学中所宣扬的那些极端个人主义和利己主义的思想，是我们应该摒弃和批判的。

此外，政治学、管理学、人类学、法学、文学、史学，以及控制论、信息论、系统论等，都与高校思想政治理论课有着密切的联系。高校思想政治理论课作为一门独立的学科，在其自身的发展过程中，同样要吸收、借鉴这些文化成果，以不断丰富和发展自己的科学理论体系。

（二）高校思想政治理论课是党的思想政治工作的一个有机组成部分，是高校学生思想政治工作的主渠道，是高等教育的重要内容

把思想政治教育作为高等教育的重要内容，这不是社会主义的独创，而是阶级社会中学校教育的普遍现象和客观规律。任何统治阶级，都把教育作为维护自己统治的重要手段，都要在兴办教育的过程中将本阶级的意志和利益原则落实并强化到学校教育中，为本阶级的统治培养服务人才和接班人。古今中外的教育家都清醒地认识到了进行思想政治教育的重要性。中国古代的教育家孔子认为，学生最重要的是能"笃信好学，守死善道"。他说："弟子入则孝，出则弟，谨而信，泛爱众，而亲仁。行有余力，

则以学文。"孔子的这种教育思想对我国封建社会的教育影响极为深远。我国近代革命家孙中山、教育家蔡元培等，也都把思想政治教育作为学校教育的重要内容。孙中山先生在反对清政府的民主革命活动中，始终把学校作为宣传民主革命思想的阵地。他说："予自乙酉中法战败之年，始决倾覆清廷创建民国之志。由是以学堂为鼓吹之地。"他强调要利用学校对青年学生进行"用主义去征服人"的思想教育。

外国的一些教育学家也同样认识到思想政治教育在学校教育中的重要性。英国著名思想家约翰·洛克认为"德行是第一位的，是最不可缺少的"；德国资产阶级教育学家约翰·弗里德里希·赫尔巴特也强调"教育的唯一工作与全部工作可以总结在这一概念之中——道德"。可见，对学生进行思想政治教育，按照不同阶级的意图传授思想观念，培养不同阶级所需要的人才，是历代统治阶级维护自己统治的一个重要手段，是阶级社会中学校教育的普遍规律。

早在建党初期，老一辈无产阶级革命家就十分注意利用学校阵地来系统地传播马克思主义思想。1921年创办的湖南自修大学、1922年创办的上海大学、1926年广州农民运动讲习所等，都是以马克思主义为指导思想，宣传、教育、武装群众的重要阵地，为我党、我军培养了大批骨干和先进分子。抗日战争时期，苏区与抗日根据地相继创办了红军大学、抗日军政大学、中央党校、鲁迅艺术学院、延安大学、自然科学院等。毛泽东同志本着教育是无产阶级事业的一部分，要服从和服务于无产阶级解放事业需要的精神，提出学校教育必须有坚定正确的政治方向，必须将思想政治教育作为首要的使命。他为抗日军政大学所做的"团结、紧张、严肃、活泼"的题词，正是这一思想的具体体现。这些学校在党的正确领导之下，始终坚持正确的政治方向，为中国革命的胜利提供了思想上和组织上的保证。

二、思想政治理论课的重要性

在高等院校，把思想政治教育摆在什么位置，提到什么高度，是关系到社会主义大学的定位和方向的根本性问题。如果不在思想认识上和实际工作中解决这个问题，就很难办好社会主义的大学，"培养中国特色社会主义合格建设者和可靠接班人"就成了一句空话。如今的中国，正进行着一场历史性变革。改革的实践，在中国大地风云激荡，对理论的发展创新也提出了严峻的挑战。理论如果脱离了实际，就可能被学生抛弃。因此，必须要求思想政治理论课与时俱进地引领青年学生去认识和投身到这个时代的伟大实践之中，充分发挥高校思想政治理论课的阵地作用。

（一）高校思想政治理论课是高等教育社会主义定位的鲜明体现

教育者按照一定的社会目的，系统地对受教育者施加影响，使他们掌握一定的知识、技能，养成一定的思想品德，把他们培养塑造成一定的人才，这是教育的本质所在。

在历史上，各个社会中占重要统治地位的阶级，都是按本阶级的政治需要把思想政治教育放在教育的重要位置的，思想政治教育是各个历史时期教育的阶级定位的鲜明体现。因为教育的两个根本问题，一是培养什么人的问题，二是教育为谁服务的问题。

社会主义教育就是无产阶级教育，社会主义高等院校是培养中国特色社会主义合格建设者和可靠接班人的重要场所，高等教育应为巩固和发展社会主义经济制度、政治制度提供人才上的保证。坚持以社会主义和共产主义思想教育广大青年学生，是高等教育社会主义定位的鲜明体现和根本要求。

但是随着"以人为本"理念的提出，有些人热衷于从抽象的"人"出发，鼓吹教育的非功利性和反功利性，要把以社会为出发点和归宿的教育转变为以人为出发点和归宿的教育，以所谓人的自身发展和完善作为教育的前提和目的。其实，他们割裂了人与社会的关系，把所谓的单个人作为一种超脱于社会之上的存在物，他们不承认教育本质上是一种社会现象，是根据社会需要，有目的、有组织、有系统地培养人的活动，实际上他们的教育观是为资产阶级服务的，是为维护私有制而培养极端个人主义者。世界上离开社会需要去培养人的教育是不存在的。

高等院校在为国家培养建设人才和栋梁方面，担负着极其繁重的使命。高等院校要为国家培养大批优秀的专业技术人员和理论工作者，他们不仅要具有现代化的科技知识和实践能力，而且要具有正确的思想政治素质。高等院校培养出来的高校学生、研究生，要热爱祖国，拥护党的领导，努力学习现代科学文化知识和马克思主义思想，奉献社会，回报社会，为改革开放奉献自己的力量。高等院校培养出来的人是否具备这样的素质，是否德才兼备，直接关系着中国特色社会主义现代化建设的成败，关系着社会主义事业的前途。高等院校只有加强党的政治领导和思想建设，切实有效地加强政治思想、道德品质教育，只有努力培养当代高校学生，才能使他们肩负起成为中国特色社会主义合格建设者和可靠接班人的使命。

（二）高校思想政治理论课是培养学生坚持正确的政治方向的重要保证，在学校全部教育活动中居首要位置

充分认识和明确德育或思想政治理论教育在高等院校中的首要位置，不断改进和加强高校思想政治理论课教学工作，坚持有中国特色的社会主义办学方向，为社会主义现代化事业培养一大批优秀人才，是高等教育中一个具有深远意义的根本性问题。高校学生是国家宝贵的人才资源，是民族的希望、祖国的未来。

对外开放步伐的加快，各种思潮涌入国内，各种深层次矛盾日益显露，人们的价值取向日趋多元化。不少高校教师认为，这些变化必然会反映到青年人聚集的高校中来，也会反映到高校思想政治理论课上来。这些变化对思想政治理论课提出了新的挑战，高校学生要求吸收各种新鲜知识的愿望和思想政治理论课教学方式和教学内容缺

乏变化就成为一对现实矛盾。因此，高等院校成了渗透与反渗透、颠覆与反颠覆、"和平演变"与"反和平演变"斗争的前沿阵地。在这场严峻而现实的斗争中，国内外敌对势力总是企图削弱、取消思想政治工作和思想政治理论课教学，其目的就是改变高等院校的社会主义办学方向。可见，加强思想政治教育和思想政治理论课教学，是高等院校坚定正确的政治方向的保证，在全面发展教育中占首要地位。

我国各级各类学校，特别是高等院校，教育的直接目标是培养德智体美劳全面发展的社会主义合格建设者和可靠接班人。在这里，德智体美劳是完整的统一体。一个符合国家要求的大学毕业生，必须具备这几个方面的条件，它们之间相互联系，缺一不可。其中，德育，即思想政治教育居于首要地位。

一个人是否有益于社会，他的智力和体力发挥什么样的作用，如何发挥作用，总是自觉不自觉地受到思想品德因素的制约。思想品德在把高校学生培养成有理想、有道德、有文化、有纪律的新人的过程中，对于培养学生勤奋进取、刻苦钻研的学习精神，对于培养学生"钢一般的意志和铁一般的肌肉"（列宁语），具有不可替代的领先作用。总之，党的教育方针、高等院校全面发展教育的规格要求，决定了思想政治教育和教学的重要性，这个重要性不是任何人随意确定的，它是无产阶级教育工作的一条规律，自觉地遵循这一规律，是社会主义高等院校的重要责任。

（三）高校思想政治理论课是社会主义先进文化建设的重要组成部分

社会主义先进文化，从广义上讲，是指人类社会在历史发展过程中所创造的精神财富，是人们在改造客观世界过程中改造主观世界的成果，是社会的精神生产和精神生活发展的成果。先进文化，是以马克思主义为指导的先进文化；社会主义先进文化的基本内容，大体分为文化建设和思想建设两个方面。高等教育是社会主义先进文化建设的重要方面，它不仅能够创造大量的先进文化成果，传播革命理论和先进的科学技术，还能够培养大批适应社会主义现代化建设需要的人才。作为高等教育重要组成部分的思想政治教育，不仅是思想建设和文化建设的重要内容，也是思想建设和文化建设沿着正确方向健康发展的重要保证，它在社会主义先进文化建设中占有重要地位。

1. 高校思想政治理论课是高校学生实现思想建设的根本途径和重要保证

在进行社会主义物质文明建设的同时，必须大力加强社会主义先进文化建设，要求在全国人民中普及革命的理想教育、道德教育和纪律教育，努力提高每一个社会成员的精神境界，使越来越多的社会成员成为有理想、有道德、有文化、有纪律的劳动者，从而在社会主义物质文明建设中始终保持坚实的精神支柱和精神动力。高校思想政治理论课，就是要在更高层次的科学理论和文化知识的基础上，引导广大青年进行思想建设，使高校学生达到比一般社会成员更高的文明水准，同他们的文化教育程度相称，同他们即将担负的工作使命相适应。只有大力加强思想政治教育工作，才能提高广大高校学生的思想政治素质和道德水平，才能切实促进社会主义现代化建设的发展进程。

2. 高校思想政治理论课在社会主义先进文化建设中具有重要的示范和激励作用

高校思想政治理论课的对象——高校学生，无论是和他们的父辈相比，还是和他们同龄的其他社会成员相比，都处在一个比较特殊的位置。他们有着较强的开拓意识和进取精神，有着较高的知识文化层次，老一辈人对他们往往寄予厚望，与其同龄的其他社会成员也往往以他们为楷模。他们的思想观念、价值选择、行为取向，直接影响着社会风尚。对高校学生进行思想政治教育具有重要的社会意义，在社会主义先进文化建设中具有重要的示范和激励作用。

3. 高校思想政治理论课对社会主义先进文化建设具有深远的历史意义

高校学生是未来社会主义建设的重要力量，他们将成为社会的物质生产工作者和精神生产工作者。他们对社会主义先进文化成果的传播有着重要的作用。但由于当代青年，包括高校学生，是在一个比较特殊的历史条件下成长起来的，许多人未能牢固地树立起社会主义和共产主义的崇高理想，社会主义先进文化建设的种子能否通过他们在未来社会的各条战线上开花结果，在很大程度上取决于我们今天对他们的思想政治理论教育。这对于中国特色社会主义先进文化的建设具有深远的历史意义，是关系到培养中国特色社会主义合格建设者和可靠接班人的大问题，是关系到新一代人能否沿着革命前辈开创的革命道路继续前进的大问题。

三、思想政治理论课的使命

所谓使命，是指为实现一定的目的和目标所应担负的工作及责任。为实现高等教育特别是高校思想政治教育的目标，高校思想政治理论课的根本使命就是用马克思列宁主义、中国特色社会主义理论来教育和武装学生，具体来说，包括以下几个方面的内容：

（一）用社会主义核心价值观教育学生，把握住高等教育的正确方向

我国的高等教育是社会主义定位的教育事业，它所培养的人才必须具有社会主义觉悟，自觉自愿为社会主义服务。作为社会主义国家的大学，我国的高等教育应该用社会主义思想教育学生，这是不言而喻的。在资本主义与我们争夺青年一代的斗争形势空前严峻的今天，对广大青年学生进行中国特色社会主义思想教育显得愈加重要。"对于社会主义思想体系的任何轻视和任何脱离，都意味着资产阶级思想体系的加强"，因此，坚持和扩大中国特色社会主义的思想阵地，是培养中国特色社会主义合格建设者和可靠接班人的战略使命。

（二）用马克思主义的立场、观点和方法启发和教育学生，增强学生认识、改造客观世界以及识别和抵制非无产阶级思想侵袭的能力

马克思主义是社会主义和共产主义思想体系的理论基础，也是高校思想政治理论课的根本指导思想，它对高校学生树立科学的世界观具有十分重要的意义。但是，高校学生不可能自发地产生马克思主义思想，也不可能自发地产生抵御非马克思主义及各种错误思潮的能力，而是要通过长期的、艰苦的、细致的教育来逐步建立中国特色社会主义理论体系。学生也总是在正确思想和错误思想的斗争中获得政治上和思想上的进步，因此，只有用马克思主义思想理论武装学生，才能提高他们的社会主义思想政治觉悟；只有用马克思主义的立场、观点和方法启发和引导学生，才能帮助他们树立正确的世界观和人生观，增强他们识别和抵制各种非无产阶级思想侵袭的能力。

（三）调动和激发广高校学生学习的积极性、自觉性和创造性，保证和促进学生的全面发展

高校思想政治理论课是为全面贯彻党的"教育必须为社会主义现代化建设服务、为人民服务，必须与生产劳动和社会实践相结合，培养德智体美劳全面发展的社会主义建设者和接班人"的教育方针，培养全面发展的人才而服务的。因此，高校思想政治理论课教学面临的一个问题就是，如何调动广大青年学生的热情，让其服务社会。要使青年学生树立良好的学风，明确学习目的和历史重任，培养科学的思维方法，端正学习态度，不畏攀登科学高峰的艰险，从而把他们培养成中国特色社会主义合格建设者和可靠接班人。

（四）引导学生自我教育、自我控制，培养和提高他们的自我教育、自我控制能力

"教育的目的就是不教育。"这是我国著名的教育家叶圣陶先生说过的一句话。培养高校学生的自我教育能力，是教育者的一项艰巨使命。"内省"是一种自我教育的意识，是自我教育能力的核心体现，通过"内省"，能使人控制自身的心理状态，管理自我的言谈举止，从而达到自我教育的目的。只有经常自觉地反省自己，才能提高自身的修养，这对高校学生而言，是一种终身受益的习惯。而高校的思想政治理论课，正应该以此为标准，通过马克思主义的科学世界观、人生观的指导，提升学生的素质，提高学生的自我修养。这样，才能使良好的社会习惯和道德规范蔚然成风。

第二节　灵活运用思想政治理论课的教学原则

教学过程是教与学双向活动的动态过程，教师需要遵循一定的原则才能有效地完

成教学任务，实现教学目标。教学原则作为处理教学过程中各种矛盾的准则，在深化教学改革和全面推进素质教育的过程中，如何选择和应用是尤为重要的。根据思想政治理论课教学目的、教学内容的要求，教师在思想政治理论课的教学过程中应遵循以下基本原则：

一、理论和实际相结合的原则

（一）理论和实际相结合原则的含义

理论和实际相结合，就是要结合时代发展，密切联系社会实际以及高校学生的思想实际，阐述马克思主义和有关思想政治教育的基本理论、思想和观点。所谓理论，一般是指概念、观点、原则及思想体系，是人们把感性认识上升到理性认识后形成的理论知识体系。所谓实际，一般是指客观存在的实际情况，即思想政治理论课中与理论观点相适应的实际情况，包括人类社会发展状况的实际、国内外形势的实际、历史和现状的实际、学生的思想实际、周围生活的实际等。

（二）坚持理论和实际相结合原则的意义

1. 坚持理论和实际相结合原则是由科学理论的实质所决定的

科学的理论都是在与实践紧密结合的过程中产生的。马列主义、毛泽东思想是如此，邓小平理论、"三个代表"重要思想、科学发展观和习近平新时代中国特色社会主义思想也是如此。这些理论是中国共产党在领导我国各族人民进行社会主义现代化建设的伟大实践中探索形成的，还要在这一伟大实践中继续发展。因此，我们在学习和研究这些理论的时候绝对不能离开我国的国情，不能离开中国共产党领导我国各族人民在国内外错综复杂的环境中进行社会主义现代化建设这一伟大实践，否则就不可能理解和掌握它。

2. 坚持理论和实际相结合的原则是由思想政治理论课的任务所决定的

思想政治理论课传授马列主义、毛泽东思想、邓小平理论、"三个代表"重要思想和科学发展观、习近平新时代中国特色社会主义思想的一系列基本理论、基本知识，培养认识、发现、分析、解决实际问题的能力和提高思想政治觉悟，这三大基本任务哪一项也离不开同实际的结合，这三项任务都是针对学生的实际来讲的。离开实际，特别是离开时代发展的实际、学生的实际，完成所谓的任务将成为一句空话。

3. 坚持理论和实际相结合的原则是思想政治理论课学习过程的特点所决定的

思想政治理论课学习过程的突出特点，也是同其他学科有明显区别的，它要解决学生对理论的信仰问题以及知与行能否统一的问题。而在解决这些矛盾的过程中，同样不可能离开与实际的结合。同时，理论知识的高度概括性、抽象性也要求在其传授的过程中，必须同生动、具体、形象、鲜活的实际紧密结合，否则学生很难接受，更谈不上理解。

（三）贯彻理论和实际相结合原则的要求

1. 贯彻理论和实际相结合的原则，必须加强理论学习

《中共中央　国务院关于进一步加强和改进大学生思想政治教育的意见》中明确指出："形势政策教育是思想政治教育的重要内容和途径。"因此，在教学中，必须联系国内外的形势，分析国内外的社会现象，联系党的方针政策。通过理论和实际相结合的方式，引导学生学习马列主义、毛泽东思想、邓小平理论、"三个代表"重要思想和科学发展观、习近平新时代中国特色社会主义思想，学习全面建设社会主义和谐社会的基本理论，这样不仅可以加强学生对教材理论知识的理解和运用能力，还可以提高他们的学习能力和参加社会实践的积极性。

2. 贯彻理论和实际相结合的原则，必须联系学生思想的实际

思想政治理论课必须从学生的实际出发，研究学生的实际，按照学生认识事物的规律，针对学生中存在的问题，有针对性地进行教学。让学生自己教育自己，自己调整自己的行为，这样才能有效地提高他们的辩证思维能力和政治思想觉悟。

总之，掌握理论和联系实际是互为前提的。正确反映实际，是实现理论和实际相结合的关键；找到理论和实际的结合点，是实现理论和实际相结合的基本要求；获得知识，发展能力，形成正确的政治信仰、良好的思想政治品质和掌握科学方法，是理论和实际相结合的目的。

3. 贯彻理论和实际相结合原则，必须目的明确、重点突出

在思想观念上，必须从传统教育的束缚中解脱出来，克服教学中形而上学的条条框框，克服盲目性和无的放矢，有针对性地、有重点地把理论同实际紧密结合。贯彻这一原则，特别要重视学科活动和社会实践教学，这种活动和教学本身就是一种同实际的结合，它们是同实际生活和社会实践结合的产物，而这种活动和教学中会促使理论同实际的高度结合。

二、知识性与思想性相结合的原则

（一）知识性与思想性相结合原则的含义

所谓思想政治理论课的知识性，就是马列主义、毛泽东思想、邓小平理论、"三个代表"重要思想、科学发展观、中国近现代史和思想道德修养等基本理论、基本常识及有关的社会科学知识，包括马克思主义基本原理、马克思主义中国化、中国近现代史、思想道德修养等。

所谓思想性，就是马克思主义的政治立场、观点，科学的世界观、人生观和价值观，识别真善美、假恶丑的道德观等。

知识性与思想性相结合，就是在思想政治理论课教学中，既要把科学的理论知识、基本观点教给学生，又要根据教学内容联系实际，对学生进行思想政治教育。

（二）坚持知识性与思想性相结合的原则

1. 坚持知识性与思想性相结合的原则，是马克思主义科学理论的特点所要求的

马克思主义哲学是关于自然、社会和思维知识的概括和总结，马克思主义的其他理论、马克思主义指导下的社会科学知识都是从社会实践中总结出来的科学理论。这就是说，学生在思想政治理论课中所要学习的内容，既是科学的理论知识，又是具有思想教育性的学习内容，因此，在完成这一教学任务的过程中，必须把知识性与思想性紧密地结合起来。

2. 坚持知识性与思想性相结合的原则，是由思想政治理论课在高校思想政治教育中的地位决定的

坚持知识性与思想性相结合的原则，体现了思想政治理论课教学任务间的本质联系，也是思想政治理论课作为思想政治教育的主渠道，同其他途径、渠道的突出区别之一。思想政治理论课是对学生进行马克思主义基本理论、爱国主义、集体主义、社会主义等各方面思想政治教育的主渠道，是对高校学生进行思想政治教育的主阵地。思想政治教育的大部分理论知识是通过教学途径，使学生通过系统的学习来完成的，这同辅导员工作、社团工作和其他思想政治教育工作有着明显的不同。离开了科学知识的传授和学习的思想政治理论课，就谈不上教学，思想政治理论课的存在也没有任何意义。

（三）贯彻知识性与思想性相结合原则的要求

1. 以正确、可靠的知识武装学生

在思想政治理论课教学中，教师所阐述的概念、论证的理论和观点以及所引用的事实材料都应该是正确的。这就要求思想政治理论课教师不断提高自身的马克思主义理论素养以及其他相关的科学文化知识水平，钻研教学大纲本身的科学性之所在，把握理论、知识的内在联系，选用正确的典型材料，通过准确的表述方法，以及科学的、现代的教学手段将教材内容本身的科学性呈现在学生面前。

2. 认真研究教材内容中的思想教育目标

虽然教育性是各学科教学的共同任务，但对思想政治理论课来说，教育性具有更为直接的作用。在思想政治理论课教学中，研究教材的教育性时，要注意教育的层次性，根据学生不同时期的理论知识需要和心理特点，采取由低到高、由简单到复杂的方式，循序渐进，逐步引导。同时，还要注意教育的针对性。现实的情况是复杂的，学生中存在的问题常常因为时间、地点以及个性的不同而有特殊的表现，因此，在进行思想教育时，除了应解决学生普遍存在的共性问题，还应结合学生关心的热点问题，结合

本地、本学校以及学生的实际情况进行教育。

3. 运用历史的、辩证的方法，分析社会政治和经济现象

只有运用历史的、辩证的观点分析社会政治和经济现象，思考世界观、人生观方面的问题，才能对各种复杂的政治、经济现象做出实事求是的评价，从而帮助学生提高思想觉悟，树立正确的政治信仰，培养社会责任感。

总之，只有正确认识和切实把握知识性和思想性的内在关系，在教学过程中充分发掘教材内容本身的科学性，同时充分利用知识内容所提供的思想教育素材，才能达到好的教学效果。

4. 注重思想性与艺术性的结合

在挖掘思想政治理论课教学内容的思想性，进行思想政治教育的过程中，思想政治理论课教师要做到入情入理，对学生产生强烈的感染力。否则，空洞的理论说教，易使学生产生逆反心理，达不到教学目的。同时，要注意课堂教学的艺术性。一个恰当的比喻、一个巧妙的点拨、一个形象的演示、一个幽默的设问，这些都凝结着教师的艺术匠心。富有艺术性的教学，会使乏味的理论形象化，学生在乐于接受理论的同时，又得到了思想上的启迪。

5. 注重教师自身修养的提升

在贯彻思想性与知识性相结合的原则时，思想政治理论课教师的人格魅力是不容忽视的。教师不仅要用学识育人，更主要的是用自身的品格、行为育人。人格感化在教书育人中的重要性，特别是思想政治理论课教师自身的道德修养、意志品质将对学生产生永久性的影响，留下终生的"痕迹"。否则，教师"讲这套，做那套"，必然会对学生造成负面的影响，无法实现知识性与思想性的统一。

三、启发式和方向性原则

（一）启发式原则的含义

所谓启发式原则，就是通过启发学生勇于提问和指导学生开展研究、讨论、辩论等方式，给予学生充分表达自己见解的机会，调动学生学习的积极性。

启发式原则作为一种教学思想，在我国教育史上源远流长，在近现代的教育实践中也备受青睐，尤其是与我国长期使用的阻碍学生发挥主体作用的"填鸭式"教学相比，启发式教学具有明显优势。同时，启发式教学也是对学生进行素质教育的有效途径。

（二）坚持启发式原则的意义

1. 坚持启发式原则是坚持教学中的唯物辩证法观点

唯物辩证法认为，内因是事物发展变化的根据，学习活动的内部矛盾性是学生接受知识和教育的基础。学生只有改变自身的内部矛盾性，能够积极主动地进行学习，

才有可能接受教育和获得知识，这就需要通过启发学生的思维活动，让学生大脑这个"思维机器"开动起来。只有这样，才有可能完成思想政治理论课的教学任务。

2. 坚持启发式原则是学生思维发展规律所要求的

启发式原则要求采用各种有效的方式、方法和手段，去启发学生的思维。这些方法既有感性的认识方法，也有理性的认识方法，或者采用归纳方法或是用演绎的方法，进行严密的逻辑推论。这些都是人类正确的思维方法和规律，启发式原则是符合人类思维发展的客观要求的。

3. 坚持启发式原则是培养创新精神、创新能力的要求

素质教育的重点是培养创新精神和创新能力。启发式原则要求教师启发学生的思维活动，让学生自己去发现问题、提出问题、解决问题，这正是创新能力的要求。而满堂灌、注入式的教学方法已经压制、扼杀了这种精神，不可能培养出具有创新能力的人才。

（三）贯彻启发式原则的基本要求

提倡启发式原则，就是通过启发学生勇于提问和指导学生开展研究、讨论、辩论等方式，给予学生充分表达自己见解的机会，调动其学习积极性。注意培养学生独立思考和自学的能力，以深刻掌握教学内容，提高教学的效率和效果。据此，贯彻启发式原则应努力做到以下几点：

1. 要善于启发学生学习思想政治理论课的兴趣和自觉性

在教学过程中，要注意对学生进行学好思想政治理论课的目的和意义的教育，使学生养成自觉学习的习惯，而不是被动地学习，要使学生处于一种兴奋的、积极接受的状态。

2. 熟练掌握教材内容，是贯彻启发式教学原则的保证

思想政治理论课的理论具有抽象性的特点。贯彻启发式原则，必须十分熟悉教材，掌握教材的重点和难点，进行通盘考虑和精心设计，这样才能保证启发式原则的科学性和思想性。

3. 要研究学生的具体情况，提高启发式原则的针对性

教师要了解学生的心理状态、思维特点、理论知识水平、生活经验、认识能力和思想觉悟，这样才能保证启发式原则的针对性，并达到启发式教学的效果。

4. 建立融洽的师生关系

师生之间融洽的关系是坚持启发式原则的一个基本条件，它能够充分发挥教师的主导作用和调动学生学习的积极性。教师如果在课堂教学中冷若冰霜、盛气凌人，学生会产生畏惧感甚至抵触情绪。相反，平等、默契、和谐的师生关系，会增强课堂的民主氛围，强化双向交流，形成良好的教与学的氛围，学生自然会把教师当作朋友一

样对其畅所欲言，从而达到教书育人的目的。

（四）方向性原则的含义

思想政治理论课的方向性原则是指思想政治理论课必须坚持和遵循的方向。它是指在教学过程中，必须坚持以马列主义、毛泽东思想、邓小平理论、"三个代表"重要思想和科学发展观、习近平新时代中国特色社会主义思想为指导，全面贯彻教育方针，并把培养和树立学生的社会主义理想和信念贯穿始终。

（五）坚持方向性原则的意义

1. 坚持方向性原则，才能体现思想政治理论课"育人"的本质

思想政治理论课的教育性质是培养学生确立正确的政治方向，具有高尚的思想政治品质和道德情操。思想政治理论课也是学校进行爱国主义、集体主义和社会主义教育的主要渠道，是思想政治教育工作的核心。因此，坚持社会主义的方向性原则，才能体现思想政治理论课"育人"的本质，让学生真正学会"做人"，做中国特色社会主义合格建设者和可靠接班人。

2. 坚持方向性原则，有利于高校学生树立科学的人生观、世界观和价值观

大学阶段是人生中的重要时期，这一时期是人自我意识由发展到成熟的关键期。这一时期自我意识发展的最主要的特点是，追求自己内在世界中存在着的"本来"的、本质的自我，并将注意力集中到发现自我、关心自我的存在上。因此，这一时期人生发展的重要课题之一就是学习和确立作为社会一员所必须具备的人生观、世界观和价值观。这就对思想政治理论课提出了要求，要把全体学生培养成为具有坚定正确的政治信念、热爱社会主义祖国、遵纪守法的公民，为他们未来参加中国特色社会主义建设确立正确的方向，成为中国特色社会主义合格建设者和可靠接班人。

（六）贯彻方向性原则的基本要求

1. 贯彻方向性原则，必须坚持以科学理论为指导，坚持社会主义的方向

教师不仅要重视马克思主义的基本理论教育，也要注重马克思主义中国化、中国近现代历史的教育，同时要在培养学生思想道德修养方面，形成一定的目标层次，要注重挖掘教材的内在思想。

2. 贯彻方向性原则，要全面贯彻教育方针

教师要使学生逐步确立社会主义理想和信念；要有针对性地开展爱国主义、集体主义和社会主义教育，中华民族优秀文化传统和革命传统教育，理论、伦理以及文明习惯教育，使学生真正确立正确的理想和信念。

3. 排除各种错误思想的干扰，克服各种阻力，努力实现思想政治理论课的教学目标

社会上的种种错误思潮，如对外开放、市场经济、西方思潮、影视文化作品以及

网络中的负面影响，对学生的冲击和影响是很大的。同时，来自学业、就业、生活等方方面面的压力，也都妨碍了方向性原则的贯彻。因此，只有努力排除各种错误思想的干扰，才能坚持正确的方向。

四、正能量教育原则

（一）正能量教育原则的含义

正能量教育原则也是思想政治理论课教学中的一个重要原则，其基本含义是在教学中坚持正能量引导，以真情感染学生，充分运用榜样的力量，选择有利于学生产生正能量的教育方法；同时，教师要以身作则，为学生做出示范。

（二）坚持正能量教育原则的意义

1. 坚持正能量教育原则，反映了社会主义教育的本质要求，也是思想政治理论课实现其思想政治教育功能的前提条件

思想政治理论课是向学生进行思想政治教育的过程，也是培养学生正确的政治信仰、道德观、人生观、世界观的过程。这个过程是复杂的、曲折的，离开了正能量教育，这些正确的观点不可能在学生头脑中自发形成。

2. 坚持正能量教育原则，符合高校学生身心发展的规律

高校学生正处于科学的世界观、人生观逐步确立的时期，他们的思想、身心发展并未完全成熟，可塑性仍然较大。目前，他们置身于一个日趋复杂的社会大环境中，在开阔眼界的同时，也容易受到消极因素的影响。因此，只有通过教师的正能量引导，尤其是通过榜样的作用，才能帮助学生形成正确的认识。

3. 坚持正能量教育原则，有利于调动学生的积极因素，促使学生主动、活泼发展

教师在教学中，以正能量的事例和真挚的感情打动学生，促使学生产生情感的共鸣，有助于调动学生自身的积极因素，克服消极因素，主动地接受教育。

（三）贯彻正能量教育原则的基本要求

1. 认真学习教育的相关学科

认真学习教育学、心理学、思想政治理论课教学法等教育学科，研究青年学生认识发展的规律。

坚持教学中的民主精神，循循善诱，积极疏导。对于固执和有偏见的学生，要善于以情感染；以开启心灵的方式，解决思想问题。

2. 注重理论联系实际

教师在进行正能量教育时，可根据教材内容的需要，选择一些典型事例，充分运

用生动、鲜活的实例来说明基本理论。同时，要创造条件，调动学生自我教育的积极性，如在思想道德修养课教学中开展"雷锋精神在当代中国"这样的讨论或演讲，让学生在教师的指导下，参与教学，自我教育，产生真正的正能量教育效果。

3. 加强教师的自身修养

教师自身的思想政治水平、道德水平对学生的影响很大。因此，贯彻正能量教育原则，教师必须加强自身的修养，提高自身的思想政治水平和师德水平，以身作则，言传身教。

五、讲求实效原则

（一）讲求实效原则的含义

讲求实效原则是指要坚持明理与笃行一致。基本含义是：教学要注重提高学生的思想道德认识，激发道德情感，指导道德行为，要把传授知识同陶冶情操、提高觉悟有机地结合起来，不断增强学生的社会责任感。这一原则主要体现在思想道德修养课的教学中。

（二）坚持讲求实效原则的意义

知，指的是学生对道德的认识；行，指的是学生的道德情感和道德行为。强调在教学中贯彻讲求实效的原则，是中国特色社会主义德育的目的。思想政治理论课不仅是思想政治教育，还是学校德育工作的主渠道。对于学生来说，他们的道德观正处在确立、形成的过程中，易受社会环境和其他因素的影响，在教学过程中，如果教师只讲空洞的大道理，不要求学生付诸实际行动，势必会造成道德认识和道德行为的脱节，导致他们的言行不一致。因此，在教学中，只有教师在传授知识的同时，强调学生将这种认识转化为实际行动的重要性，才能培养学生高尚的道德情操，富有正义感，才能实现德育的目标和任务。

（三）贯彻讲求实效原则的基本要求

1. 教师在思想政治课教学中，必须注重提高学生的道德认识

教师要引导学生学习马克思主义的基本理论和道德规范，使学生能够明是非、辨善恶、知荣辱和分美丑。在日常生活中，教师要注意和学生谈心，使学生在生活实践中深刻领悟做人的道理。

2. 组织学生参加社会实践活动

贯彻讲求实效这一原则，教师还要适时地组织学生参加社会实践活动，如观摩优秀影片、听老红军讲革命故事、参加义务劳动、祭扫烈士墓等，这些都是激发学生道德情感的好形式。

3. 教师必须严于律己，给学生做出示范

教师要把言教和身教结合起来，对自己一定要严格要求，身体力行，使自己在各方面都能成为学生的榜样。与此同时，教师要把学生看作与自己具有同样社会地位的人，主动听取学生的意见和接受学生的监督，这样既赢得了学生对自己的信任，也有利于培养学生讲求实效、言行一致的优良作风。

第三节　提高思想政治理论课堂教学水平

思想政治理论课堂教学是对高校学生系统进行马克思主义基本理论教育和思想政治教育的主渠道，在高校思想政治教育中起着主导作用。思想政治理论课堂教学对于帮助学生确立正确的政治信仰，树立科学的世界观、人生观和价值观，形成良好的道德品质起着至关重要的作用。本节将要回答的就是思想政治理论课堂教学的基本组织形式、课堂教学的主要类型、课堂教学的要求和课堂教学艺术四个方面的问题。

一、课堂教学是思想政治理论课教学的基本组织形式

教学组织形式是关于怎样组织教学活动的问题，是教学工作的重要组成部分，是完成教学任务的重要保证。学习和研究教学组织形式将有助于我们更好地开展教学活动，有效地提高教学质量。

教学工作不仅要通过各种教学方法来实施，也要通过各种组织形式来进行。在教学活动中，教师总是要利用时间和空间条件把学生组织起来，与之建立集体或个体间的联系，以安排和实施教学活动。这些都是教学组织形式要研究和解决的问题。对于教学组织形式的概念，国内外教育学和教学论都有不同的论述，表达方式各不相同，所揭示的教学组织形式的侧重点也有所不同，但它们都认为，教学组织形式要限定在一定的时间和空间内进行，是师生间组成"搭配"关系的共同活动，师生直接或间接地相互作用，在这种相互作用的过程中，包括了教学内容、教学方法、教学手段和教学程序、步骤在时间和空间上的综合。据此，我们可以概括为：教学组织形式是围绕既定教学内容，在一定时空环境中，师生相互作用的方式、结构与程序。思想政治理论课的教学组织形式主要有两种，一种是课堂教学的组织形式，另一种是活动课程教学的组织形式。

思想政治理论课的主要教学任务，是靠课堂教学来完成的，它是思想政治理论课的基本组织形式。

（一）以课堂教学作为思想政治理论课的基本组织形式与学校教育"以教学为主"的教育规律相符合

课堂教学是教师引导学生按照明确的目的，循序渐进地掌握教材知识的一种教育活动。从学校活动总量上来看，课堂教学所占的时间最多，涉及的知识面最广，对学生发展的影响最大。因为课堂教学是严密组织起来的、传授系统知识、促进学生发展的最有效的形式。思想政治理论课以课堂教学为主，是多年思想政治理论课教学总结出来的经验，也是与学校教育"以教学为主"的教育规律相符合的。

（二）课堂教学是完成思想政治理论课教学任务的基本途径

通过课堂教学，教师根据学生的身心特点，遵循他们的认识发展规律，激发他们学习的积极性、主动性、创造性，进行理论知识的传授、重点难点的讲解，指导他们对理论知识进行系统的了解、掌握和运用，从而使他们由不知到知，由知之不多到知之较多，由不甚理解到基本理解，逐步做到对科学理论知识的系统积累和深刻领会，并运用所学科学理论分析说明现实生活中的重大政治、经济、文化等社会现象。因此，思想政治理论课只有坚持以课堂教学为主，充分发挥教师的主导作用，才能完成思想政治理论课教学的基本任务。

（三）课堂教学是思想政治理论课教学工作的中心环节

思想政治理论课教学包括许多环节，如备课、授课、批阅论文、课外辅导、成绩考核和评定等。在这诸多环节中，课堂教学是中心环节，而其他环节只是课堂教学的准备、延续、检验和补充，都是围绕课堂教学进行的。同时，课堂又是实现教与学紧密结合的场所。只有在结合的过程中使教与学两个方面的积极性、创造性得到充分、有效的发挥，才能取得良好的教学效果。因此，离开课堂教学这个中心环节，思想政治理论课的教学质量就无法得到保证，所有其他教学环节也就失去了存在的意义。

（四）课堂教学是利用辅助教学形式，开展学生课外活动的基础

课堂教学是思想政治理论课教学的基本形式，但不是唯一形式。个别教学形式和其他课外活动，都可以成为思想政治理论课教学的辅助形式。但是，课堂教学这一基本形式是其他教学辅助形式的基础，学生开展的各种各样的课外活动、社会实践活动，都是在课堂学习的基础上进行的。在课堂上学习的知识是课外活动、社会实践活动的出发点，学生的各种课外活动、社会实践活动，都是在贯彻理论联系实际的原则，将学到的知识、理论付诸实践。因此，只有在课堂教学中学到了系统的理论知识，学生才能在各种各样的课外活动和社会实践活动中有必要的理论知识准备。

总之，思想政治理论课必须以课堂教学为基本形式，这是符合学校工作和教学工作规律的，是符合本学科教学目的和要求的。离开这一基本组织形式，思想政治理论课的功能和作用将会被削弱。

二、思想政治理论课堂教学的主要类型

课堂教学类型，是指根据教学内容、教学任务而确定的授课种类。课堂教学一般分为以下几种类型：

（一）新授课

这种课型主要是教师讲授，学生集中学习新的理论知识，包括讲述和分析新的理论知识，说明、总结和概括新的理论知识。新授课可以保证教学内容的完整性和连贯性。这种类型是课堂教学中经常采用的课型。

（二）复习课

这种课型多用于学完一个相对比较完整的理论部分之后，以及期中、期末的复习。在复习课中，教师要明确复习的要点和要求，用多种方法指导学生理性地复习和整理。对较大范围的理论知识进行概括、整理和系统化，把新的理论知识和以前掌握的理论知识进行比较和整理，使之得到巩固。

（三）测验课

这种课型是为了了解学生对学过的理论知识的掌握程度和教师教学过程中存在的问题。这种课型主要是在期中、期末或学完一个相对比较完整的理论部分后进行。通过测验课，教师要总结教学中存在的优缺点，以便及时改进和优化。学生通过测验课，可以了解自己对理论知识掌握的程度，总结学习的经验教训，以便改进学习方法。

（四）讲评课

这种课型主要是在对学生考试成绩、论文状况以及讨论辩论情况进行总结、讲评、分析时采用的。讲评课的目的，是使学生了解考试、论文和辩论中存在的问题，分析产生问题的原因以及提出纠正问题的方法等。讲评课要以教师的讲解、分析为主，也可以让学生参与评价，如让学生互评。

三、思想政治理论课堂教学的要求

思想政治理论课是高等学校马克思主义理论教育和思想政治教育的核心和主渠道，是高校学生的必修课，是对学生进行马克思主义基本理论和社会主义思想政治教育的课程。为此，思想政治理论课教师必须按照思想政治理论课堂教学的基本要求，实现教学过程的最优化。

（一）课堂教学的基本要求

为适应知识经济时代知识、信息量剧增的需要，课堂上教师将由理论知识的传授

者转变为学生学习的指导者；教学过程将由传统的传授理论知识的过程变成学生发现信息、捕捉信息、加工信息、研究问题、增长理论知识的过程。这就对教师的课堂教学提出了更高的要求。

1. 教学思想要端正

教学思想是教师进行思想政治理论课教学的根本指导思想，对课堂教学有着重要的指导意义。教学思想正确与否，对课堂教学有着重要的影响，它关系到教师能否顺利完成思想政治理论课的教学任务。所以，在新的历史条件下，思想政治理论课的教学任务更加艰巨，责任更加重大。切实端正教学思想，充分提高教师这方面的思想认识，是搞好教学的前提条件。

作为一名思想政治理论课教师，只有把全面提高学生的综合素质，特别是提高学生的思想政治素质和思想品德素质，作为自己的教学指导思想，才算树立了正确的指导思想。但是，有些思想政治理论课教师在教学中，受各种因素的影响，片面追求理论知识教学，只关注学生对理论知识的掌握情况，将学生能力的提高、综合素质的培养放到可有可无的地位，这都是教学思想不端正的表现。在这种教学思想指导下进行的教学，背离了素质教育的要求，也背离了思想政治理论课的教学目的。

2. 教学目标要明确

思想政治理论课堂教学的成败，最重要的是看其教学目标是否明确，以及实现得怎样。确定教学目标的依据，一是课程标准，二是教材，三是学生。课程标准规定了各门课的教学内容和基本要求，因此，不能脱离课程标准的指导；每节课、每种教材都有各自的特点，因此必须从具体的教材内容出发；学生的理论水平、知识水平和接受能力也有差异，因此又必须针对学生的实际情况。只有三者兼顾，教学目标才能明确。教学目标包括传授理论知识、培养能力和提高思想政治觉悟三个方面的目标。传授知识目标就是要明确通过教学，要求学生必须掌握相应的基本概念和基本理论；能力目标就是要明确通过教学，培养学生具有相应的能力；提高思想政治觉悟目标就是要明确通过教学，达到相应的马克思主义理论教育和思想政治教育的培养目标。

评价教学目标是否明确的标准是：教学目标三个方面的内容是否明确、清楚，教学目标三个方面的内容是否合乎实际。

3. 突出重点，解决难点

教学重点是教材中为了达到教学目标而着重指导学生掌握的内容，是教材的核心问题。在思想政治理论课的教学中，必须突出重点，只有突出重点，才能通过重点把课堂的内容统一起来，把前后理论知识连贯起来；才能在培养学生能力素质方面和思想觉悟素质方面起到重大作用。

教学难点就是学生对教材中不易理解的地方，比较抽象、不易观察思考的问题。教学难点如不解决或解决得不够好，不仅影响学生对重点内容的理解，还会影响到整个课程的正常进行。学生的思维受阻，注意力分散，使课堂的教学质量难以保证。因此，教学中对不同理论知识的讲解，不能不分主次，平均分配时间，泛泛地讲，而应该集中力量突破难点。

4. 正确运用教学方法

教学方法是为了达到一定的教学目标，教师组织和引导学生进行专门内容的学习活动所采用的方式、手段和程序的总和；它包含了教师的教法和学生的学法。一种好的教法，不仅能促进教学任务的完成，也能加强学生对理论知识的掌握，影响学生的智力、体力和其他能力的发展；一种好的学法，有助于教师教学方法的改进，促进教学任务的完成。教学方法是教师教的方法和学生学的方法的有机结合和辩证统一。

教学方法是完成教学任务、实现教育目的的重要手段。一种好的教学方法能激发学生积极的学习动机，维持学生的注意力和学习兴趣，强化和调节学生的思维活动，有利于发展学生的智力，优化学生的思考方式和学习方式。总之，如果教学方法得当，课堂上就可能出现令人惊喜的效果，从而极大地提高学生学习的积极性，提高学习的效率和学习的质量。

5. 讲究教态、语言和板书

教学姿态要亲切、和蔼、自然；语言要准确，逻辑性强，吐字要清楚，语速要适中，音调要抑扬顿挫；表达要流畅，感染力强，要用普通话教学；板书的字迹要工整、规范，布局要合理。如果使用现代化教学手段，如多媒体等进行教学，要考虑形式与内容相符合，灵活多样地为教学内容服务。

（二）教学过程最优化

课堂教学是实施素质教育的主渠道，合理的教学过程规划则显得尤为重要，苏联教育学家巴班斯基提出教学过程的最优化，要求教师结合教学实际，通过分析，找到最优化的教学方案和安排，取得最好的效果。

1. 思想政治理论课堂教学过程最优化的基本特点

教学过程最优化需要有个前提，那就是："从所提出的标准观点出发，在全面考虑教学规律、教学原则、现代化教学形式和方法、已有条件以及该班和个别学生特点的基础上，使教育过程最有效地（最优化地）发挥效能。"从中我们可看到思想政治理论课教学过程最优化的基本特点：

（1）它要求教师合理地安排教学过程。最优化理论的根基是教学组织和科学管理，是按一定目标确立的，有科学根据的，实质上是反陈规旧套、千篇一律、引导师生进行创造性的教学工作，以少量的时间和力量取得巨大的效果的一种安排，即要求思想政治理论课教师从教学实际出发，将科学的管理方法、组织方法落实到思想政治理论课的教学过程中去。

（2）它要求教师采取不同的教学手段和方法，处理好条件、方法、结果之间的辩证关系。因为最优化理论总是相对于不同时代、不同条件下的一定标准而言的，不存在所谓普遍的、固定的、万能的教学方式和方法。这就要求思想政治理论课教师因材施教，在处理整体与部分关系时，善于抓住主要矛盾，看到全局和局部的辩证关系，从整体出发，把整体优化作为目标，在教学过程中分析具体的教学任务、内容和特点，发挥学生和教师相互作用的最大可能性，然后按教学原则，在实际情况下按一定标准选出最佳的方案付诸实施。

（3）它要求教师实事求是，因材施教，使全体学生发挥最大潜能，获得最大的发展。学生思想政治觉悟水平不同，个性差异很大，这就要求教师在思想政治理论课的教学过程中，从实际出发，实事求是，不要求学生达到同一个标准。要承认差别、因材施教，只有调动了学生的积极性，充分发挥最大的潜在能量，获得各自最大的发展，使学生的理论知识、能力、觉悟逐步提高，才是实现了教学过程的最优化。

2. 思想政治理论课教学过程最优化的基本标准

（1）获得理论知识，形成认识问题、解决问题的能力、技巧，在某种个性特征方面以及提高思想政治修养和道德品质修养方面，取得最好的效果。

（2）在规定时间内为取得一定的效果，只耗费最少的必要时间。

（3）在规定时间内为取得一定的效果，只耗费最少的必要精力。

（4）在规定时间内为取得一定的效果，只花费最少的经费（与标准开支相比）。

显然，最优化标准是相对的，因为没有也不可能有永恒不变的最优化标准。通常是教师在工作开始时，就应确定在其现有的条件下，达到什么效果，耗费多少时间和精力可被认为是最优化。

3. 思想政治理论课教学过程最优化的实施

按照现代教育思想的要求，思想政治理论课教学要实施最优化的课堂设计，在教学观念上应做到以下六个转变：

（1）教学目标上——由以传授理论知识为中心向以发展为中心转变。所谓以发展为中心，就是贯彻"以人为本"的思想，立足于人的本性教育，教学着眼于开发学生的身心潜能，在学生掌握理论知识的同时，形成现代人的思想，掌握现代人的本领，使学生的人格、能力、智力、非智力个性等都得到和谐、全面的发展。

传统教学和"应试教学"的教学观念，往往是以传授知识为中心，显然，这已不符合实施素质教育的现代教育思想的要求。按照现代教育思想的要求，教师在优化课堂教学设计的过程中，应以学生的发展为中心。

（2）信息交流上——由单项信息交流向多项信息交流转变。根据信息论，课堂教学是由师生共同组成的一个信息传递的动态过程。由于教师采用的教学方法不同，存在以下四种主要的信息交流方式：① 以传授法为主的单项信息交流方式；② 以谈话法为主的双向交流方式；③ 以讨论法为主的三项交流方式；④ 以"探究—研讨法"为主的多向交流方式，此方法被许多专家学者所推崇，称之为研究型教学的主要形式之一。

（3）教与学关系上——由"以教定学"向"以学定教"转变。"以教定学"是以教师为主体，教师掌握着教学过程的方向，而学生则只能配合适应教师的教学，容易丧失学习热情，缺乏学习积极性。按现代教学观要求，就要把"以教定学"转变为"以学定教"。"教"服务于"学"，实现教与学的最佳结合。以教导学，以教促学，从而确立学生学习的主体地位，还学生学习的主体地位。

为了实现从"以教定学"向"以学定教"的转变，教师在课堂上要做到：① 拒绝填鸭式教学，要让学生参与到教学活动中来，让每个学生真正做到在课堂上动口、动脑；② 教师要通过引导和启发，指导学生去探索事物发展的客观规律，自主地得出结论；③ 鼓励学生独立思考，敢于和善于质疑问难，自求解答。

要达到以上目的，教师在教学设计中要考虑怎样才能发扬民主，强化学生的参与意识。在具体教学环节安排上，少一些讲解、分析问题，多一些引导、点拨和指导，要改变那种牵着学生走的状况。

（4）认识活动上——由重结果向重过程转变。当前的教育普遍存在重结果的特点，即教师在教学过程中，让学生背诵"标准答案"，扼杀了学生的创造力和思维能力。而只有做到重过程，即引导学生自主地去寻找和发现事物发展的客观规律，得出结论，才能真正达到教育的目的和意义。

如此看来，过程和结果的重要性可见一斑，教学只有学会注重过程，才能真正使学生的思维得到训练，既长知识，又增才干。

（5）师生关系上——由居高临下、互不信任的关系向平等、融洽、和谐的关系转变。传统教学，教师对学生是处于"我教你学""我讲你听"的至高无上的地位，学生完全处于任教师摆布和灌输的地位，这显然是不平等的。加之激烈的升学竞争，导致师生矛盾加剧，乃至情感对立。现代教育思想要求缩短师生之间的距离，建立平等、和谐的新型师生关系。

众所周知，教学过程中最活跃的是师生之间的互动关系。在教学中，既要充分尊重学生的人格，又要尊重教师的教学工作。情感将会滋润认识活动。

（6）教学效率上——由高耗费、低效率向高效率、低耗费转变。目前，我们的课堂教学还存在着一定的低效率、高耗费现象。仅从课堂教学设计上看就存在以下问题：① 教学内容要求上的面面俱到；② 教学环节安排上的松松垮垮；③ 教学方法选择上的单一枯燥；④ 教学语言运用上的啰啰唆唆；⑤ 教学板书或课件设计的"多"而"杂"等。这些显然与现代教育思想的要求，尤其是与减轻负担、提高质量的要求是很不相适应的。为此，教师在优化课堂设计时，要有效率观念。

四、思想政治理论课堂教学艺术

"教育事业是艰巨的事业，优秀的教育家认为，教育事业不仅是科学事业，而且是艺术事业。"苏联教育家米哈伊尔·伊万诺维奇·加里宁的这段话告诉我们，教育是一门科学，又是一门艺术，一门高超的、细腻的艺术。教学是科学性与艺术性的统一。无科学性的教学缺少根基，无艺术性的教学没有活力。教学中的科学性与艺术性是相互渗透、相辅相成的。

（一）教学艺术概述

1. 教学艺术的定义

艺术主要有两种说法，一是指用语言、动作、线条、色彩、音响等不同的手段构成形象以反映社会生活，并表达作家、艺术家的思想感情的一种社会意识形态；二是指富有创造性的工作方式、方法，如谈话艺术、领导艺术、管理艺术等。按照上述说法，教学是一种两者兼有的特殊艺术。它既采用艺术手段，如语言、动作、音响、图像等进行教学，用以表达特定的教学内容，完成特定的教学任务；又是富有创造性的工作方式、方法，教学时时有创造、处处有创新。但教学艺术不同于一般的艺术，主要表现在：

第一，从教学艺术的对象看，教学艺术主要不是作用于物的艺术，而是存在于人与人之间的艺术。教学艺术是在人的身上显示出人的美的本质，它是培养人、塑造人的艺术。正是在这个意义上，我们把教师称为"人类灵魂的工程师"。

第二，从教学艺术的实践过程看，教学艺术过程是人对人的作用过程。这不同于"人—物"的作用过程。"人—物"的艺术过程主要是人利用物的特性将自身的审美本质表现在对象中，而"人—人"的艺术过程打破了支配与被支配、利用与被利用的关系，使双方处在平等的地位上。从这个意义上说，教学艺术是一种交往的艺术。

有人认为，一名教师知识渊博，教学方法运用娴熟，语言表达能力强，教学艺术水平自然就很高。其实，丰富的理论、知识修养，只是教学艺术赖以生长的根基与前提，知识本身并不等于艺术，知识水平高的教师并不必然表现为教学艺术水平高；教学方法是教学艺术的骨骼脉络，但教学方法并不等于教学艺术，对某种方法的熟练运用，并不意味着教学艺术水平高；教师运用的语言、动作、表情、音响、图像等是教师创造教学艺术的手段，但手段本身不等于教学艺术。

综上所述，我们认为，教学艺术是教师在教学活动中，运用语言、动作、表情、色彩、音响、图像等手段创设教学情境，创造性地组织教学，将知识与审美综合起来，使学生愉快地、高效率地进行学习的精湛的教学技巧。教学艺术是教师学识与智慧的结晶，是教师创造性地运用教学方式、方法的升华。

2. 教学艺术的功能

教学艺术的功能是指教学艺术在教学活动中的各种作用，是教学艺术存在并得以发展的内在根据。教学艺术的功能主要表现为以下几个方面：

（1）具有提高教学效果的作用。教学艺术能够有效地提高教学效率，使学生学到更多的知识，发展认识能力，保证学生在认识和发展两个方面都能高效率地实现预期的目标，如思想政治理论课中抽象的概念、原理，经过艺术处理后，就会以形象、生动、活泼的形式呈现在学生面前。在这个过程中，教师通过优雅亲切的教态、生动幽默的语言、准确精练的讲演等吸引学生的注意力，学生的感知力、理解力、记忆力都将处在最佳状态。教学实践证明，冗长的教学或"压缩饼干式"的教学，都无教学效率可言。而具有高超教学艺术的教学，既生动有趣，又能避免不必要的重复，能有效地提高教学效率。

（2）具有思想政治教育和品德教育作用。教学艺术能促进学生情感、意志和良好道德品质的发展，这种作用主要体现在它对学生道德情感的产生、发展的影响上。教学艺术实际上是教与学之间的一种审美与情感交流。如果教师对教学内容有深刻的道德认识，又产生强烈的道德情感，学生就会受到这种情感的影响，产生相同的道德情感，从而加深道德认识，有利于其道德行为的培养。例如，在思想政治理论课教学中，有的学生认为"马列主义已经过时""共产主义是空中楼阁"，产生这种错误认识的一个重要原因就是教学缺乏艺术性。如果教师用能体现这种道德认识的情感来感染学生，引起学生情感上的共鸣，便会增强学生的政治认识和道德情感，从而使学生转而信仰马列主义，树立共产主义理想，并在生活和学习中培养自己良好的政治信仰和思想品质。

（3）具有审美作用。教学艺术的审美作用，是指教学艺术能培养学生的美感，培养学生具有正确的审美观和高尚的审美情操，提高学生鉴赏美和创造美的能力。掌握教学艺术的教师，能将知识、修养和智慧融为一体，使学生在听课时领会到科学美、艺术美、自然美、社会美、生活美、语言美和文学美。在教学中，教师的语言美和行为美是构成教学艺术最重要的两个因素。一名教师掌握了教学艺术后，他讲话的速度、节奏、音调及重音的变化，都会给学生一种美的享受。教师的行为美，如板书、站姿、手势等，也会给学生美的熏陶。学生在享受美、得到美的熏陶的同时，也学会了感受美、评价美甚至是创造美，从而丰富了学生的审美情感，提高了学生的审美判断能力。

（二）教学艺术的基本方法和要求

一般来说，课堂教学结构的基本组成包括组织教学、复习旧课、导入新课、讲授新课、巩固新课、布置作业和论文等，各个环节有不同的教学方法和教学艺术。

1. 组织教学的方法和艺术

组织教学是创造良好的教学环境的重要手段，是开展正常教学的基础和前提，是调节学生情绪和心理的重要措施，是教学过程顺利进行的必要保证，是教师主导作用的充分体现。树立课堂威信是组织教学最有力的方法和艺术。课堂威信指教师在学生心目中的威望、信誉和地位，是教师组织教学、驾驭教学过程的必要条件。

教师树立了课堂威信，学生就会对教师产生一种尊重、信任和崇拜的心理，随之而来的是学生自觉遵守课堂纪律，自觉服从教师管理，课堂教学秩序井然。反之，如果教师缺乏课堂威信，教师说话就会没有学生遵守，严重的时候会出现混乱状态，这样既影响了教学的进展，又影响了学生的学习。所以，教师必须把树立课堂威信放在重要的位置上。

教师要树立课堂威信，首先，必须严格要求、严格管理学生。在严格管理的条件下，学生会产生一种条件反射，自觉地遵守课堂纪律，养成良好的自觉行为和习惯。其次，教师必须具备丰富的理论知识储备，扎实的教学基本功，良好的教学方式和方法，通过自己高超、精彩的教学来赢得学生的尊重和信任。通过组织教学来树立课堂威信可采用暗示的方法，例如，上课铃响之后，教师在讲台上肃穆站立，目光安静而迅速地巡视教室一周，这种方法的效果是"此时无声胜有声"；也可采用号召的方法，如教师用简单、精练的语言，在语法上运用祈使句，语气要肯定，具有号召性、感召力，也能达到此效果；另外，还可以借助手势，加强语言的感情色彩，渲染气氛，效果也很好。

2. 复习旧课与导入新课的方法和艺术

这一环节的目的在于对已学理论知识进行复习巩固和加深印象，了解学生掌握旧知识的情况，加强新、旧知识的联系，以自然、和谐的方式向学生传授新知识。复习的内容可以是上节课学的，也可以是以前学过而与新内容有关的。复习的方法可以是教师复述，也可以采用口头、书面或实践性的方式检查学生对知识的掌握情况。这一环节的艺术性要求是复习的内容既短又精，恰到好处地引入新的知识。方法要新颖，以唤起学生对新知识的求知欲。导入新课，就是使新、旧知识相互衔接，为新知识作引子。导课是否得当，是否有趣，对新授课能否成功影响很大，它起到了承上启下、提示本节课主要内容、提高学生学习兴趣、引发求知欲等作用。导课一般可采用以下方法：

（1）以疑入境。注意力是打开学生心灵的窗户，通过教师设疑，使学生产生悬念，就能把学生的注意力引导到开动脑筋思考问题上来。亚里士多德说："人的思维是从疑开始的。"中国也有"为学患无疑，疑则有进"的哲理。

（2）以奇入境。好奇是青年人最显著的特点之一，心理学上称之为直接兴趣。好奇心是学习的内部动机，教师要善于利用学生的好奇心，创造特定的情境，激发学生的求知欲。

（3）以新入境。再好的创设情境的方法连用多次，学生也会感到厌倦。所以教师应独具匠心，别出心裁，精心设计出不同的引人入境的方法，以新导入，不断提高首次感知的效果。

（4）以事入境。这种方法的要求是既要把事例讲得生动形象，又要将事例与新课内容结合起来，不能"两张皮"，要起到点题、铺垫的作用。

另外，直观导入法，如语言直观导入，引经据典，借用成语等；实物直观导入和图表模型直观导入，都可以起到增强学生学习兴趣、提高教学质量的作用。

3. 讲授新课的方法和艺术

思想政治理论课所授的内容主要是基本概念、原理、基本史实，并在课堂内外有效地进行思想政治教育和品德教育。思想政治理论课教师只有拥有良好的教学方法、高超的教学艺术，才能出色地完成思想政治理论课的讲授任务，使学生正确理解、运用马克思主义的立场、观点和方法来观察、认识、处理问题，并逐步提高思想政治觉悟，树立科学的人生观、世界观和价值观，以及正确的政治信仰。

思想政治理论课基本概念的讲授，可以采用如下方式：

（1）演示法，是指教师在课堂上，配合讲授或谈话内容，把实物、图像和画面展示给学生或向学生做示范性的实验，来说明和印证所讲授的基本概念。

（2）分析综合法，分析是把思维对象分解成各个方面和部分，分别加以考察的方法；综合，是在分析的基础上，把思维对象的各个部分组合成一个整体加以考察的方法。这样可以使学生对学习对象了解得更深入、更系统、更全面，不仅有利于学生认清事物的本质及其规律，深入地掌握基本概念，而且可以促进学生的创造性思维能力的发展。

（3）比较法，是对两种或两种以上同类事物辨别异同或高下的方法。运用这种方法讲授概念，可以帮助学生异中求同、同中求异，把握概念的本质特征，获得清晰的印象，防止和克服那些有区别又有联系的概念"张冠李戴"，从而纠正学生初次接触这些概念所造成的思维定式和错觉。

（4）质疑法，即通过设问或启发学生提出问题促使学生加深对基本概念的理解的方法。有经验的教师，在讲授基本概念时，总是十分注意把"矛盾"带进课堂教学中来，使学生在听课的过程中产生疑惑，从而调动学生思维的积极性，加深其对基本概念的理解和记忆。对于那些易混的概念，采用质疑法和比较法相结合的方法，效果会更好一些。

（5）比喻法，即用打比方的方法来讲授抽象深奥的概念。一般来说，这是一种借助俗语、谚语、警句、格言、寓言和典故来生动形象地讲授概念的方法。这种方法能使概念浅显易懂，印象深刻，并富有趣味性和思想性，便于学生理解和接受。

（6）历史法，历史是指事物的发展过程，既包括自然界和人类社会的历史，也指某事物的发展变化过程和个人的经历。历史法就是说明事物的发生、发展过程，通过追本溯源，使学生了解事物的特点，从而形成概念的方法。

讲授概念的方法和艺术，在原则上也适用于基本原理，但由于原理与概念有不同特点，所以在讲授方法和艺术上有一定的区别。例如，既可按照基本原理的内在联系和逻辑系统讲解基本原理，也可运用典型事例讲授基本原理。

4. 巩固新课的方法和艺术

巩固新课是积累理论知识的前提，为继续学习新的理论知识打下基础，强化记忆，加深对知识的理解，并使知识转化为能力。所以，巩固新课也要讲究方法和艺术。

巩固新课一般采用教师小结、提问、课堂练习、小考等各种各样的方式，其内容不同，方法和艺术要求也就不同。

思想政治理论课的基本原理都具有高度抽象、概括的特点，要使学生能巩固和运用这些基本原理，需要教师用典型事例进行归纳总结，使学生巩固和运用原理；在此基础上，采取学生自己举例说明原理或让学生分析教师事先设计好的例子并说明原理的方法，检查学生巩固和运用原理的情况。让学生自己举例说明原理，可以充分发挥学生学习的积极性和主动性，使其开动脑筋、独立思考问题，激发其学习兴趣。

课堂练习也是巩固新课的一种重要形式，这种形式有提问回答、讨论问题或辩论等。不论采取何种形式，提出的问题既要反映本课教学内容，又要反映学生掌握理论知识的实际水平，使学生独立思考，达到巩固和运用原理的目的。课堂讨论或辩论是发挥学生的主体作用的最好形式，其中，出好题目是关键。出题的原则是理论联系实际，具体地说，是学生关心的"热点"、社会的"焦点"，是学生思想认识问题的"扣"，是教材的重点或难点，是学生的理论知识和经历力所能及的问题。通过讨论或辩论，使学生学会运用正确的观点、方法去观察和处理问题。

5. 布置作业、论文的方法和艺术

这是整个教学中的最后一个环节，其目的在于使学生进一步巩固和学会运用新的理论和知识，培养学生刻苦学习和独立思考的能力。布置作业时，对于书面作业，要注意数量适当，并要说明具体要求；对于难度大的题型，要给予适当的提示和解释，使学生能顺利完成任务；对于实践性作业，要布置明确、具体，加强指导和检查，这也是素质教育关于培养学生创新能力的要求。不论是书面作业，还是实践性作业，都要有检查的步骤，并及时进行总结和评价，这样才能真正达到目的。

以上几个教学环节的教学方法和艺术，构成了课堂教学艺术的基本内容。虽然每个环节都有其相对的独立性，但它们之间又是相互联系、环环紧扣的。整个过程和谐统一，才是将知识、能力、觉悟与审美结合起来的完美的思想政治理论课。

除上述方法和要求外，思想政治理论课堂教学艺术还应有设问的方法和艺术、例证的方法和艺术、板书的方法和艺术、课件运用的方法和艺术、语言运用的方法和艺术、教态运用的方法和艺术、应变的方法和艺术，以及处理突发事件的方法和艺术。这些要渗透在教学各环节中，教师在课堂中应注意这些微观因素对教学环节的影响和作用，注意处理好它们之间的内在联系。

第五章　高校思想政治课堂理论教学的改革

第一节　高校思想政治理论课教学方法的改革

当前，高校思想政治理论课教学方法改革研究，必须充分重视在传统教学方法研究的基础之上融入新的理念，尤其需要充分结合当代高校学生的思想行为特点和社会环境变化的新情况，提高学生在教学过程中的主体地位，激发学生内在的自主性、创造性，从而促使其能动地认识、理解和认同思想政治理论课传递出的思想理念，确立正确的思想观念。

本节坚持以马列主义、毛泽东思想和中国特色社会主义理论体系为指导，结合党和国家关于加强和改进高校思想政治教育的若干会议和文件精神，理论联系实际，尝试从互动式教学法、案例教学法、研究型教学法的具体运用等方面着手，将传统理论和现代理念相结合，探索符合现代教育理念的高校思想政治理论课教学方法。笔者尝试通过对这一系列教学方法改革的探索，把高校思想政治理论课打造成高校学生真心喜爱、终身受益的优秀课程。

一、互动式教学法在思想政治理论课教学中的运用

互动式教学法又称交互式教学法，是教师的"教"与学生的"学"的统一，是指在课堂教学过程中通过围绕教学目标设计教学任务，采用专题讨论、辩论演讲、小组学习、社会实践等师生共同参与的方式，以学生为中心进行教学，改变单纯接受式的学习方式，强调发现学习、探究学习、互动学习。这种教学方法体现了"以人为本"的创新教育教学理念，能充分调动学生学习的主动性和积极性，已经被运用于各课程的教学实践中。高校思想政治理论课也同样应充分重视和运用这一方法，并加以改革创新，以促进教学效果的提高。

（一）思想政治理论课教学中互动式教学法的含义及特点

思想政治理论课教学中的互动式教学法，指的是在高校思想政治理论课教学过程中，将教师的"教"与学生的"学"相统一，根据党和国家对高校思想政治教育的目

标和要求，结合当前的时代背景和社会发展的具体形势以及高校学生自身的特点，在传统的理论讲授方法的基础上，创新方法，重视学生的主动参与性，采用课堂问答、专题讨论、专题演讲、社会实践活动等多种形式，课内课外师生互动，互为中心、互为主导、互相推动，从而达到预期教学目的的一系列教学方式的总和。其特点主要表现在以下几个方面：

1. 交互性

交互性主要体现在教学过程中的交流和互动上。互动式教学法打破了传统思想政治理论课教师负责"讲"、学生负责"听"的传统模式，通过课堂提问、专题讨论、专题演讲等形式，让教师不仅仅负责"讲"，同时也懂得"听"，听学生的反馈，听学生的思想动态；让学生不仅仅懂得"听"，也懂得"讲"，能表达自己的思想观点，通过"教师'讲'→学生'听'→学生'讲'→教师'听'→教师'讲'"这一循环过程，促进双方的交流，在双方不断沟通的基础上使正确的思想观念真正为学生理解和掌握，进而达到预期的良性互动效果。

2. 民主性

互动式教学法是建立在教师和学生的平等交流和互动的基础上的教学方法，教师懂得倾听学生的表达，哪怕是不成熟的甚至错误的观点，这就给交流提供了宽松民主的氛围。教师通过与学生民主的交流互动，掌握学生的思想动态及教学实际效果，及时调整教学进度和方式，力求优化教学效果。通过师生之间坦诚的对话和交流，广开言路，降低甚至消除思想政治教育过程中学生的逆反心理，让学生的迷茫、困惑、错误的观念能够及时引起关注并得到正确的引导，进而优化教学效果。

3. 双主体性

互动式教学法的双主体性特点，就是指在这一教学方法指导下的教学活动过程中，教师和学生都是教学活动的主体。学生通过其参与的课堂提问、专题讨论、专题演讲等环节学习，不是被动的"学"，而是主动地参与到教学活动当中来，主动反馈教学内容，主动提出问题，主动寻找问题的答案，主动跟教师形成交流互动，主动纠正错误观念、坚定正确观念，最终主动将所学理论知识内化为自己的思想观念，再外化为自己的行为习惯。

4. 多向度性

传统的思想政治理论课教学模式是教师"教"和学生"学"的单向度模式，而互动式教学法则强调教学过程中教师与学生之间的双主体性和互动性，从而使教学模式从单向度向多向度发展。同时，通过互动交流，学生将信息反馈给教师，以促进教学效果的优化。学生积极主动地参与教学，这对教师的理论水平和掌控教学环节的能力都起到了促进和推动作用。同时，通过参与各种问题设计和开展实践活动，学生不仅从课堂上得到知识，也通过多方面的课外活动环节得到能力的提升。这些要素共同构成了互动式教学法在思想政治理论课教学中的多向度性。

5. 灵活多样性

互动式教学法在思想政治理论课教学实践运用中的灵活多样性主要体现在具体操作方式和内容上。教师结合教学内容，针对具体教学环节的需要，灵活运用课堂讨论、辩论演讲、实践活动等方式开展教学活动。同时，在特定的教学理论框架内，对课堂讨论、辩论演讲、实践活动等环节中出现的即发性问题进行教育引导。这些方面都体现出互动式教学法的灵活多样性。

6. 情景交融性

情景交融性是互动式教学法的另一重要特点。在思想政治理论课教学过程中，传统的讲授过程容易让学生产生疲劳感和厌倦感。引入互动式教学，教师懂得以情动人，营造特定的情景氛围，通过问题讨论、发言、辩论等多种形式把学生带入特定的情景之中，既能提高学生的参与度，也让教师和学生共同融入特定的情景之中，拉近师生距离，从而使得教师在互动的情景中更容易引导学生多层次、多侧面地理解理论知识，甚至能够主动地提出问题、分析问题和解决问题。

（二）思想政治理论课教学中采用互动式教学法的意义

1. 有利于调动学生学习的积极性和主动性

在思想政治理论课的教学中运用互动式教学法，让学生最大限度地参与到互动中来，有利于调动学生学习的积极性和主动性。例如，问题思考、答辩和实践活动等，不仅仅是教师在"教"，学生也在积极地"学"。一方面，通过师生互动，让学生了解理论知识；另一方面，通过学生与学生之间的互动，学生主动地将理论与具体问题、情景融合，主动思考，甚至提出新的问题与见解。然后再在师生互动中，在讨论和交流的过程中，激发学生的学习兴趣，提高其学习的积极性和主动性，进而促进学生主动地接受正确的思想观念。

2. 有利于提高思想政治理论课的实际效果

思想政治理论课的实际效果的提高，不仅需要调动教师的教学热情，将教学信息传递到位，而且需要调动学生的积极性来理解和接受这些信息，所谓"入耳、入脑、入心"。互动式教学法有助于学生积极主动地思考、学习，不仅能接收到教师传递的信息，还能通过多种活动强化这些信息，通过自身的主动内化使教育目标得以最大限度地实现。相比单一的单向度的传统讲授法，互动式教学法更能促进学生发自内心地认同和确立思想政治理论课所要传递的思想观念，从而使思想政治理论课的实际效果得到很大程度的提高。

3. 有利于促进教学相长

思想政治理论课教学中互动式教学法的运用，促使教师在思考具体教学环节的时候，充分考虑学生的信息反馈，不再是简单地考虑如何把信息传递给学生，也要考虑设计最优化的讨论题目，以调动学生的学习兴趣及促进学生主动思考。同时，学生在回答问题过程中随时出现的新问题和突发事件，使得教师需要不断提高业务水平，钻研教材、学习理论、研究学生、设计好教学环节、懂得掌控全局等。互动式教学法促使教师和学生都积极投身于互动环节中，开发双方的潜力和创造力，一方面，学生的学习能力尤其是主动学习能力得到了极大的提高；另一方面，教师的业务水平也得到了提升，从而形成良性的循环，促进教学相长。

4. 有利于增进师生感情

互动式教学法在思想政治理论课的运用过程中，在民主宽松的氛围下开展提问、回答、辩论、评析等交流环节，促使师生双方在一种融洽的情境中和谐共处。在这一过程中，教师不再简单地作为知识和理论的传授者而出现，同时还是倾听者和解惑者，在对话式、讨论式、交流式的情境中传道、授业、解惑，这样不仅有利于教学效果的增强，还有利于师生双方情感的交流。

（三）思想政治理论课教学中互动式教学法的创新做法

随着互动式教学法在思想政治理论课教学中的广泛运用，各种具体操作方法不断推陈出新。根据教学主体关系、具体教学场所、具体活动形式、具体操作过程等的不同，有不同的创新做法。

1. 根据教学主体关系不同，可以分为三种做法

一是师生之间的互动。这种互动形式，主要是指在教学活动中，教师调动多种教学资源和手段进行师生之间的交互往来，在师生之间产生直接的作用和影响。师生之间的互动，既可以是教师和单个学生之间的交流，如课堂提问；也可以是教师和学生集体之间的交流，如集体回答问题；还可以是教师和学生学习小组之间的交流，如分组讨论后的答辩环节等。一方面，通过课堂提问等方式促进学生思考并做出回应；另一方面，在学生回应的过程中针对学生观点进一步做出点评、分析和引导。对于错误的或者不当的言论，教师要进行积极的影响和引导；对于正确的言论，教师要推广这些观念，进而通过这种交互活动实现教学目标。

二是学生之间的互动。这种互动形式，主要是指在教学活动中，通过教师设计的特定场景，学生互相探讨启发，彼此影响。在共同的情景氛围中，群体当中的个体之间的思想和行为有着互相影响的作用。在互动式教学活动中充分利用这种群体效应，有助于教学效果的提高，既可以通过小组与小组之间的交流实现互动，也可以通过学生个体与他人之间的交流实现互动。小组间的交流活动通过小组内部讨论、小组代表课堂发言、小组间辩论等多种形式实现；学生个人交流通过课堂问题回答、学生辩论或者演讲等多种形式实现。

三是师生与社会之间的互动。思想政治理论课教学不能脱离社会生活实际，要通过与社会互动，将理论与实践相结合，让学生在做中学，从而有利于在实践活动中验证理论的正确性，促进学生对理论的进一步认识和理解。这种互动主要包括师生参与社会实践活动以及充分利用公众媒体资源。学生在教师的带领下参与社会实践活动，通过教师的积极引导和学生的主动参与，在具体的实践活动中提高学生认识问题、分析问题和解决问题的能力，锻炼科学的思维方式，树立正确的世界观、人生观和价值观。充分利用媒体资源，一方面，利用大众传媒，如广播电视网络等搜集信息作为教学资源，学习先进的教育理念和多学科理论知识，在充实提高自身的同时，选取社会生活中的典型案例并将其设计为问题讨论，提高思想政治理论课教学的实效性；另一方面，利用多媒体技术和信息资源，制作精美课件，动态呈现教学重难点及主要内容以提高教学效果，同时，学生通过发达的媒体资源拓展知识面，了解前沿思想，优化自身知识体系，进而提高思想政治理论课教学的实效性。

2. 根据教学活动发生的场所不同，可以分为两种做法

一是课内互动。所谓的思想政治理论课的课内互动，主要是指教学活动的发生场所在课堂内。这是传统教学的阵地，也是互动式教学法的主阵地，但是互动式教学法推动下的课堂教学，有其鲜明的做法，就是重点强调互动环节，将互动渗透到教学的全过程中。教师通过自身过硬的理论功底和课堂组织能力，随时结合课堂教学需要抛出问题，让学生集中回答、个别回答、讨论分析、开展主题辩论或专题演讲，环环相扣，抽丝剥茧，由表及里，带领学生在互动中学会分析问题、解决问题。通过课堂内的一系列互动操作方式，将抽象的理论具体化、生动化、形象化，进而实现教学目标。

二是课外互动。利用课外资源进行互动教学，是思想政治理论课互动式教学法运用的另一个重要途径，其中一个重要的做法就是进行社会调研。教师和学生共同讨论设计的题目，通过小组内部讨论设计调研方案，深入社会生活的各个方面，围绕主题进行调查研究并得出结论和建议。这种方式最终可以通过形成调研报告或者制作成视频资料展示出来。教师在这一过程中起着宏观指导的作用，为选题和活动过程提供必要指导，学生在教师的指导下发挥活动主体的功能，具体操作，独立完成，最后所有小组进行总结汇报交流。通过这种方式，培养和锻炼学生发现问题、分析问题和解决问题的能力，让学生不仅局限在课堂范围内，还能在广阔的社会生活天地中得到实际锻炼，增进对思想政治理论课教学内容的理解和认同。

3. 根据具体教学活动形式的不同，可以分为五种做法

第一，问答式互动。问答式互动常见于课堂教学内，这是一种通过师生间的提问与回答来共同解答疑问的互动形式。问题的提出通常有两种情况，一种是教师有所准备，在备课的过程中设计好教学环节中的问题，在具体教学过程中适时地提出；另一种是教师根据课堂具体情况随机提出有针对性的问题，有可能是针对学生回答问题中

的观点进行的追问，也有可能是根据具体教学情景或者突发情况进行的适时提问。这种方式不流于形式，不是为了提问而提问，而是随机应变，适时掌控课堂。通过提问环节营造宽松的氛围，激发学生的学习兴趣与热情，鼓励学生参与回答。通过这种问答式互动，让师生之间实现充分的交流与沟通。

第二，辩论式互动。这种做法通常选择社会热点、焦点问题，布置学生课后查阅资料，提供专门的课内时间进行专题辩论，既可以是小组与小组之间的辩论，也可以是师生之间的辩论。通过这种方式，让学生主动了解相关知识，将书本上的理论知识和实际联系起来，培养学生的观察能力、思维能力和语言组织能力。

第三，演讲式互动。这种方式通常是教师结合教学相关内容选择适合演讲的题目，给学生充分的课后准备时间，再通过专门的课堂环节完成。这种方式与辩论式互动相似的地方在于二者都是学生课后准备、课内展示，教师点评。不同的地方在于辩论式互动强调"辩"，演讲式互动强调"讲"，但无论哪种方式，都是通过专题研究和讨论激发学生的兴趣，师生共同参与，达到教学互动目的。

第四，社会实践式互动。这种互动形式，就是教师结合理论热点和学生关注的焦点设计参考题目，由学生实践活动小组自行分析选题，再利用课余时间到相关的领域去实地考察，通过参观访问、社会调查、社会服务等多种形式展开活动，最后形成相关报告或者视频材料等成果，进行集中展示交流。通过这种形式的互动，学生将理论联系实际，在实践中发现问题、分析问题、解决问题，提高认识世界和改造世界的能力。

第五，网络互动。网络互动主要是指教师利用网络平台跟学生适时交流，进行教学、答疑等活动；学生则通过网络学习、提问、讨论等，获取相关信息。这种网络互动模式，既有师生之间的互动，也有学生之间的互动。网络互动也有两种基本的形式，一种是公开式，就是利用专门的网络平台进行师生之间和学生之间的交流互动，如很多学校的网络教育平台、教师个人的博客等公众账号；一种是隐匿式，即在某些隐匿的网络空间内，教师通过言论积极引导和影响学生，学生之间也通过良性互动传递正能量。无论哪种形式，都体现出网络互动的多向度性和交互性。互联网的发展本身给教育带来了很大的便利，教师应充分利用这一阵地进行交流互动，积极引导学生学习理论知识，接受正确思想的影响，树立正确的思想观念。

4. 根据具体操作过程的不同，可以有不同做法

（1）针对课堂研讨式互动的操作模式

这种操作模式主要针对课堂研讨类型的互动，如课堂问答、辩论、演讲等。具体环节设计如下：

第一，选题。教师针对专门的主题设计好单个或者多个题目，在这个范围内，既可以指定问题让学生回答，也可以让学生自主选择题目。教师设计的题目，锁定了研讨方向，同时也给学生提供了积极思考、查阅资料、进行自主学习的机会，体现出原

则性和灵活性的统一。

第二，开展活动。这个环节，就是让学生在选定的题目范围内开展进一步的实践活动。对于课堂问答，一般是课堂上易操作的题目，教师启发学生，同时给学生适当的时间讨论和思考，然后由学生发言、作答。对于辩论、演讲等形式，或者一些需要花时间查资料、思考准备的课堂讨论题目，就需要让学生利用课后时间查阅资料、思考讨论，在充分准备的情况下形成自己或者小组的观点。然后再在教师提供的专门的时间和场所进行相关的展示和交流活动，既可以利用课堂时间，也可以利用专门的活动，如一些比赛或者主题活动来进行。

第三，评价总结。这个环节是所有课堂式研讨互动必不可少的一个环节，这个环节涉及教学活动的成效问题。通过教师的评价总结，一方面，第一时间的点评可以及时地对正确的理论加以强调，对错误的言论加以正确引导，有利于加深学生对正确理论的理解和掌握，有助于提高活动的实效性。另一方面，对每位参与者的点评，也是对他们的努力和付出的一种充分肯定和尊重，对提高学生参与的积极性和主动性有着正面的影响。

（2）针对社会实践式互动的操作模式

这种操作模式主要是针对社会实践类型的互动，如社会调查、参观访问、社区服务等，具体环节设计如下：

第一，选题。社会实践活动的选题决定了实践活动开展的内容和方向，同时也关系到最终的效果。选题应该尽可能地体现出社会价值和易操作性，既要符合教学要求、时代发展的要求，又能调动学生的积极性、参与性，同时也能让学生操作驾驭。因此，选题一方面要结合教材内容和教学框架，结合当前的热点、焦点问题等客观因素；另一方面也要结合学生的理论运用实际水平，结合能调动学生积极性的，贴近学生生活实际的，学生感兴趣的、关心的问题，以及结合未来学生可以继续深入思考研究的方向等主观因素。因此，可以由教师设计体现出上述原则的题目供学生选择，也可以在满足上述要求的条件下由学生自行设计题目，经过师生共同探讨后确定最终选题。从选题开始，师生互动就展开了。

第二，实施。在敲定选题后，具体实施展开。在活动之前，必须由学生制定好活动方案，把整体环节和步骤规划好，以方便活动的顺利开展。以社会实践调查为例，在活动开展之前，制定好方案，包括调查对象、调查地点、调查时间、调查小组成员及分工、调查目标和内容、调查预期成果、相关背景资料掌握、小组行程安排等。访谈式调查，准备好调研题目。问卷式调查，准备好调查问卷。在预定的活动方案的指导下，各小组开展具体工作。最后将活动过程中搜集到的材料归纳汇总，作为调研报告的主体支撑材料。

第三，撰写实践报告。将调研活动过程中收集到的资料整理分析，最后形成书面调研报告。调研报告的撰写，包括标题、摘要、关键词、导言、正文、结论、注释、参考文献、附录等几个部分。标题要简明扼要、中心突出，必须做到与研究主题和内容相符。摘要部分要求文字简练，内容高度概括，让读者在看完摘要后可以对报告内容有基本的了解。报告中的摘要不是必写部分，尤其是在一些非专业刊物上发表的报告大多省略此部分，因此，摘要部分可以视具体情况确定取舍。关键词也是如此，如设置关键词，应为能反映报告中心思想的词语。导言是全文的总领，是对正文内容的背景介绍和中心内容的概述，突出选题目的和意义，对正文有引导作用。正文是报告的主体和核心，是对实践活动有重点、有层次的内容总述。参观访谈式报告的正文重点是将参观访谈获得的大量资料，根据事先拟定的写作提纲，围绕主题，整理分析资料，最后得出结论。而问卷调查式报告的正文则是对数据采集、整理、统计、归纳、总结等内容的组织安排。根据在校学生问卷调查活动的规模和操作状况等实际情况来看，调查活动一般涉及的时间跨度和规模不是很大，因此主要按照调查内容组织报告内容，分类突出某类现象或者问题，相应给出结论、建议或者思考等。结论部分概括全文，包括提出观点和建议。报告的结论是最终的、总体的结论。参考文献是在实践报告研究和写作过程中将参考或者引用的文献资料信息按照国家相关规范要求列于报告末尾的文献集合。注释不同于参考文献。参考文献是作者写作时所参考的文献书目，集中列于文末；而注释是作者对正文中某一内容做进一步解释和补充说明或者对引言的来源做出充分说明的文字。附录是报告主体的补充项目，并不是必需的。

第四，成果展示交流和评奖。报告形成及提交并不是活动的结束，在此基础上，形成图文并茂的交流材料并于课堂上集中展示交流，小组分享活动心得体会，教师点评，形成学生之间、师生之间的互动，进而巩固活动成果，取得预期效果，达到预期目标，这才是活动的要旨所在。为提高学生的参与积极性，尊重学生的劳动成果，最终的评奖环节也必不可少，这不仅是对已经参加活动的学生的肯定和奖励，也是对后来者的鼓励。

二、案例教学法在思想政治理论课教学中的运用

案例教学法是一种国内外多领域多学科广泛运用的教学方法。案例的编写通常是在一定的教学目的的引导下，在一定的客观事实的基础上，对具体事件过程的描述及问题挖掘。因此，案例教学法就是在此基础上针对具体案例进行启发、讨论、归纳的一种具体教学方法。正如著名学者靳玉乐所指出的："所谓案例教学法，就是根据教学目标的要求，教师组织学生通过对案例的调查、阅读、思考、分析、讨论和交流等活动，教给他们分析问题和解决问题的方法或者道理，进而提高他们分析问题和解决问题的能力，加深他们对基本原理和概念的理解的一种特定的教学方法。"这种教学方法在高

校思想政治理论课中也已经被广泛运用，随着当今教育技术的不断发展，案例教学法也日趋现代化。

（一）思想政治理论课教学中案例教学方法的含义及特点

思想政治理论课教学中的案例教学方法，指的是在高校思想政治理论课教学过程中，教师根据教学目标的要求，编写针对性强、有典型代表性和客观真实性的教学案例，组织学生进行阅读、观摩、思考、分析、讨论和交流，同时，不仅针对单个案例就事论事，而且注重培养学生举一反三的能力，强调学生思维能力的训练，教给学生分析问题和解决问题的方法，培养学生分析问题和解决问题的能力。思想政治理论课教学中的案例教学法具有以下几个方面的特点：

1. 目的性

思想政治理论课教学中的案例教学法的目的性特点，体现为案例的选择和编排总是围绕特定的教学目标和任务来进行的。在教学过程中安排的案例，目标明确，针对性强。无论是一个还是多个案例，都围绕要实现的教学目标和任务展开，通过案例展示，让学生阅读、观摩、思考、分析、讨论和交流，进而提高其分析问题和解决问题的能力。

2. 真实性

思想政治理论课教学中的案例教学法的真实性特点，体现在案例的选择和编写尽可能尊重客观事实，就算有些情景的烘托和渲染，但事件本身是真实存在的，应尽量避免虚构的情节和故事，这样才更具有可信度和说服力，让学生在思考和讨论的时候更接近真实的场景，而不是简单的假设。并且教师在编写和讲述案例的过程中，尽可能保持中立和客观的态度，不做任何评价性和倾向性的诱导，让学生在客观理性的状态下分析思考，教师的点评应坚持正确的立场和观点。教学案例的真实性促使学生更加信服，从而增强思想政治理论课的教学效果。

3. 典型性

思想政治理论课教学中的案例教学法的典型性特点，主要是指一般选用具有典型特征的案例，能集中突出要求学生思考的理论问题重点，服务于教学内容重点。典型案例更具有代表性和针对性，帮助学生举一反三，有助于提高教学活动的质量和效果。

4. 启发性

思想政治理论课教学中的案例教学法的启发性特点，主要是指案例的选取、编排和具体操作的方式具有启发学生主动参与思考分析的功能和作用。一方面，可以先将案例完整展示，进而提出问题，让学生通过思考、分析和讨论并参与到教学环节中来，进而达到启发式教学的效果。另一方面，也可以一边展示案例，一边抛出问题启发学生思考，一环扣一环，环环相扣，引人入胜。这种方式更能把案例教学法的启发性特点发挥得淋漓尽致。

5. 主体性

思想政治理论课教学中的案例教学法的主体性特点，主要是指相对于传统平铺直叙式的讲授法而言，案例教学法更重视学生在教学过程中的主体地位，注重调动学生的积极性和主动性。通过案例教学法，将学生带入案例思考中，通过师生讨论，或者学生之间的讨论，让学生成为主动参与者。在对案例的阅读、观摩、思考、分析、讨论和交流中，充分体现出学生的主动性。教学活动不再是教师的"一言堂"，而是学生主动参与的教学活动。

6. 互动性

思想政治理论课教学中的案例教学法的互动性特点，主要是指在案例编写和具体操作过程中充分体现出案例材料与师生之间、学生之间的互动状态。首先，案例材料本身的价值和吸引力会给师生带来积极影响，师生在分析案例的过程中，也会主动判断、积极思考。其次，案例的展示也不是单向的教师展示、学生思考，教师在分析案例过程中也会结合学生的反馈以及学生的具体情况，再进行调整分析。最后，学生之间围绕案例进行探讨，也形成互动效果。

（二）思想政治理论课教学中采用案例教学法的意义

1. 有利于推动思想政治理论课的教学改革

在思想政治理论课上采用案例教学法，符合当前教育方法的改革趋势。在这一系列教学方法改革目标要求的指导下，在传统讲授法及多种教学方法的配合下，充分利用案例教学法的互动性特点，结合理论，生动形象地展示教学内容，帮助学生理解和掌握正确的理论知识，培养他们分析问题、解决问题的能力，树立正确的世界观、人生观和价值观，提高思想政治理论课教学的实际效果，进而推动并完成思想政治理论课的教学改革。

2. 有利于提高学生学习的积极性

相对于其他学科而言，思想政治理论课有着较强的理论性和思想性，同时，它不仅传授知识，更重要的是培养学生运用正确的理论、立场、观点和方法，去观察和思考政治经济文化等领域的问题，树立正确的世界观、人生观和价值观，使学生学会科学地分析问题和解决问题，是综合性较强的课程。传统的教学方法，如讲授法，形式比较单一，不利于教学效果的提高。而案例教学法具有真实性、典型性、互动性等特点，使学生在理论学习的过程中，在案例情景的代入感的影响下，通过案例的生动演绎，在学生之间或者师生之间展开讨论，将枯燥的理论同生动的现实结合起来，激发学生的学习兴趣，从而极大地提高学生学习的主体参与性和积极性。

3. 有利于提高教师的教学水平

在思想政治理论课教学中运用案例教学法，对教师提出更高层次的要求，使教师不仅要熟悉理论知识和传统教学模式，还必须在教学方法创新上下功夫，不断提升自己的教学技能和教学水平。案例教学法在教学环节中的运用对教师的教学水平来说是一种考验。

案例法的具体运用，一方面，要求教师必须在熟练掌握理论知识的前提下善于选择合适的案例材料来辅助理论讲解，丰富教学过程；另一方面，还要求教师必须有较强的课堂组织能力和课堂协调能力，懂得掌握课堂节奏，驾驭好课堂。因为案例的使用不是简单的平铺直叙式的宣讲，而是需要教师引导学生观察、思考、分析，所以教师在呈现教学案例的时候，需要随时关注学生的反应，并且不失时机地提出问题引导学生思考。在学生回答问题的过程中，以及与学生交流互动的过程中，教师应该既懂得培养学生独立思考问题、分析问题和解决问题的能力，又能够正确地加以引导。在运用案例教学法的过程中，教师通过不断更新教学案例，不断实践尝试，将理论与实践密切结合，不断积累丰富的教学经验，从而不断提高自身的教学水平。

4. 有利于促进师生关系的和谐互动

在思想政治理论课教学中运用案例教学法，有助于促进师生之间的交流，进而推动师生关系和谐发展。案例教学法的实施，使教师不再是高高在上的理论宣讲者，也不是单向的理论灌输者，而是故事的讲述者和问题的探讨者。通过对案例的客观的描述，将学生带入相应的情景，给学生带来一种身临其境的真实体验感，在与学生问答互动的过程中提高学生的参与性，拉近师生距离。这种方法一改过去传统讲授模式下教师唱独角戏、学生课堂参与度低、双方无法形成良好互动状态的局面。案例分析的过程，是一个师生之间共同探讨问题的过程，针对学生不同程度的反应和各种答案，教师要积极应对。这种师生共同参与的案例研讨，一方面，有助于正确引导学生分析问题和解决问题；另一方面，通过营造共同探讨的氛围，也拉近了师生之间的距离。师生在一种良好合作的状态中和谐互动，极大地提高了思想政治理论课的实际效果。

5. 有利于培养师生的创造性思维

在思想政治理论课教学中运用案例教学法的过程，也是师生锻炼创造性思维的过程。从教师的角度来看，案例的选择、编写，课堂的展示过程及引导学生融入情景当中积极思考的过程，都是创造性的劳动过程。不是简单地平铺直叙式地陈列一个故事，而是需要教师用心选取最合适的案例放到最合适的教学内容当中，案例本身的时间长度、内容容量都需要根据具体情况反复掂量。课堂中，教师必须结合学生实际创造性地展示，不一定呆板地采用"先描述案例＋最后提出问题"的模式，还可以边陈述边提问，吸引学生进入案例情景中。在学生回答问题的时候，教师也应该创造性地融入互动当中去，不是简单地点评，而是可以进一步根据学生的观点提出问题，一起探讨。这样有利于问题的进一步深入挖掘，也能锻炼学生随机应变的创造性思维。就算学生的答案不一定是完全正确的，但是教师针对学生的回答思路和分析方式做出正确的引导本身也是一种创造性行为。

从学生的角度来看，案例的学习和对相关问题的思考分析以及讨论交流过程本身就是一个创造性的学习过程。边观摩、阅读案例，边融入其中的情景，当教师提出相关问题时，学生不仅要从书本上寻找问题的答案，更需要联系案例和实际以及个人的理论掌握情况来进行创造性的思考分析和解答。一方面，在与同学讨论的过程中打开思路、集思广益、创新思维；另一方面，在同教师的交流互动中，针对教师提出的问题做进一步思考，在教师的启发和引导下，不断发散思维，锻炼自身的创造性思维能力。

6. 有利于推动理论与实际相结合

在思想政治理论课教学中运用案例教学法，有利于学生将书本理论与实际相结合，一方面，提高思想政治理论课的实际教学效果；另一方面，让学生得到实践能力的培养和锻炼。如前所述，思想政治理论课的理论性和思想性较强，单纯的讲授和灌输容易让学生产生情绪上的厌倦和思维上的阻滞。而在教学过程中恰当地运用案例，一来能吸引学生的注意力和兴趣，二来能将书本上的知识和实际案例相结合，可以将枯燥的理论生动形象地展示、探讨、解析出来，更加"接地气"。

理论来源于实践，又在实践中得到验证，教学过程中案例教学法的运用，使得理论与实际紧密联系，从而能够实现理论与实践的交互。学生通过这种教学方法，把从书本上学到的理论知识用于分析生活当中的实际案例，活学活用，在对实际问题的分析讨论过程中锻炼了自己的思维能力和分析、解决问题的能力，反过来也促进和加深了对所学理论知识的理解和掌握。无论是从教学效果的提高方面，还是从学生分析和解决问题的能力培养方面，案例教学法都发挥出了积极的功能和作用。

（三）思想政治理论课教学中的案例教学法的创新做法

随着案例教学法在思想政治理论中课的广泛运用，各种具体操作方式不断推陈出新。根据案例编选体例形式、案例体现的功能、案例呈现方式、案例解析方式、案例教学法具体操作等方面的不同，有不同的创新做法。

1. 根据案例编选体例形式的不同，可以分为文字形式的案例编选和视频形式的案例编选

在思想政治理论课案例教学法的运用中，案例编写和选择的形式，可以文字叙述的形式出现，文字的长度应该尽量控制到一张演示幻灯片以内，如果案例内容比较复杂，可以是多张演示幻灯片，但是需要尽量控制篇幅。这样做，一方面，幻灯片简洁明了，易于理解；另一方面，使学生在思考和讨论过程中可以再次浏览案例内容。视频形式的案例，总时长应当控制在 5 ～ 10 分钟以内，不宜过长。时间太长容易导致学生视觉疲劳，不利于最后问题的引出和研讨。如果视频过短，也容易展示不清楚，使学生无法获得足够的信息。文字形式的案例展示，需要页面美观大方，既不能是单一

的文字堆砌，类似传统的板书，也不能过于花哨，让人眼花缭乱，需要教师花时间做好页面设计。视频剪辑的内容也需要突出重点，画面清晰，引人关注，发人深思。

2. 根据案例所体现出来的功能不同，可以分为佐证辅助性质的案例和引人思考讨论的案例

无论是文字形式的案例还是视频形式的案例，都需要选取有典型代表性的案例，要么能够充分佐证理论，要么能引人思考讨论。在讲授某些理论的时候，为了易于学生理解和掌握，应选取实践中典型的案例加以论证。这不是简单的举例，而应是教师充分准备的案例，不仅要向学生透彻地解释，而且在解释的过程中，还可以设计提问环节让学生积极思考和验证相关理论。引人思考讨论的案例，更需要在案例展示环节当中和案例展示结束后启发学生思考，推动学生之间及师生之间的讨论交流，最终达到论证理论正确性的目标。在思想政治理论课案例教学法当中运用佐证辅助性质的案例是一种层次较低、较为简单直接的方式，而引人思考讨论的案例层次更高，更加能够启发学生的自主思考和对理论的深刻把握。

3. 根据案例呈现方式的不同，可以分为完整呈现和悬念式呈现

在运用思想政治理论课案例教学法的过程中，案例呈现方式的不同，也会带来不同的教学效果。一般有两种呈现方式，一种是完整呈现，是指案例完整地呈现出来后，再根据设计的问题来形成课堂交流互动。这种方式的好处在于简单直接，切中中心；弊端在于容易使学生懒于深入思考，仅仅流于表面。悬念式呈现指的是在案例呈现过程中，适时停顿，引导学生进入案例情景，启发学生思考。这种方式的好处在于能全过程地引导和启发学生深入思考，有利于使学生更加积极主动地参与到思考分析讨论的环节当中去，同时，也可以增强师生之间的互动交流。

4. 根据案例解析方式的不同，可以分为封闭式答案和开放式答案两种情形

在思想政治理论课案例教学法的运用过程中，因为案例本身的一些具体属性，致使案例最终形成的答案有可能不是单一的。就大多数情况而言，案例是有着明确而突出的重点和答案的，这种情况被称为封闭式答案。但在某些具体的情形下，答案本身不是一成不变的，也会随着具体情况的不同而有所不同，这种属于开放式答案。开放式答案并不是没有答案，也不是答案不确定，而是答案本身有多种可能，根据具体情形的不同有不同的分析。这种情况下，与其重点关注答案本身，不如引导学生积极探寻某种正确的思维方式和分析问题的能力，以便举一反三，触类旁通。

根据案例教学法实施过程中教师、学生、案例三者之间关系的不同，案例教学法分为师生互动型案例教学法和学生之间互动型案例教学法。其一，在思想政治理论课案例教学法的运用中，师生之间通过教学案例一问一答、互问互答，形成师生之间的案例互动。这种情形，一方面有教师主导的情况，问题的设计和总体方向由教师把握。另一方面也有学生主导的情形，学生在回答问题的过程中对教师提出问题，本身就是

一种主观能动性的体现，围绕案例，师生互动，案例不仅仅是教学内容的补充，也是师生之间互动的桥梁。其二，在思想政治理论课案例教学法的运用中，学生之间围绕案例的互动。这主要体现在学生在讨论过程中的互动交流和相互影响。这种形式有利于培养学生的人际交流能力和团队协作能力，在相互讨论的过程中懂得尊重他人的观点以及恰当表达自己的观点，也懂得吸收先进思想为己所用。这种案例教学法不仅仅让学生通过案例掌握相关理论知识，更重要的是培养学生分析问题、解决问题的能力。

根据案例教学法具体过程操作来看，思想政治理论课案例教学法具体实施操作过程有如下环节：

第一，案例选编。教师必须结合教学内容和学生实际，选择有典型代表性的案例，采用书面文字形式或者视频形式编写案例。案例的选编必须建立在教师对理论体系和教学体系熟练掌握的基础上，同时，必须结合学生实际，让案例有针对性和典型性，这样的案例才更能激起学生的兴趣和思考。选编案例的同时必须设计好案例实施的具体环节，充分考虑问题设计的难易程度及出现的时机，设计好案例讨论的重点和时长。同时应关注曾经在实施过程中出现的一些问题，不断调整完善过程设计。必要时需要提前通知学生预习相关教学内容，让学生对课堂讨论有所准备，进而提高课堂案例分析的有效性。

第二，案例呈现。案例的呈现过程因案例本身的体例形式不同而有所不同。文字材料的案例，教师边展示图文边讲解，图文并茂，声情并茂，讲解生动。同时根据当初设计的需要，或穿插问题，或最后提出问题。视频形式的案例，教师在播放视频的同时，也如前所述，或停顿视频穿插问题，或最后提出问题。总之，无论哪种形式的案例，教师都应根据预先的设计组织开展活动，结合现场学生的具体情况做出适当调整。

第三，组织讨论交流。在案例的呈现过程中有必要提出问题让学生思考和讨论，但通常这种情况下的问题不适合用很难的题目，一般设计一些简单、便于操作的，同时又能吸引学生关注和引出下一步思考讨论的题目。正因为这种在案例呈现过程中出现的题目具有上述特点，所以最好不进行小组讨论，而是让学生独立思考和解答。而案例呈现完毕后设计一些有一定难度和深度的题目，需要组织学生小组讨论，教师在这一过程中，也可以尝试加入某些小组旁听或者互动。小组讨论结束后，各小组通过讨论分析形成各自的观点，教师组织各个小组发言，让他们把观点表述出来。教师在这个过程中发挥组织和引导的作用，创造轻松和谐的讨论氛围，一方面，让学生畅所欲言；另一方面，针对学生的观点，不失时机地加以点评和引导，但是不能代替学生讨论。

第四，总结点评。教师应该对案例活动进行总结和评价。教师总结评价的一方面是针对案例本身的问题，无论是封闭式的答案还是开放式的答案，教师都应给出科学合理的解释。另一方面是针对学生讨论的情况，教师必须充分肯定学生参与的态度和积极性，对学生正确、合理的观点应予以肯定。同时，对学生交流过程中出现的一些问题也应该及时地加以正确引导，引导方式应该以正面的鼓励为主，因为毕竟学生的理论知识及分析问题的能力是有限的，不应该针对学生的问题大加批评和指责，应该抱着积极、帮助人的心态，而不是抱着打击的心态对待学生在讨论过程中出现的错误。还有一个重要的方面就是教师的最终总结，不是单单针对案例或者学生表现而言，还应该帮助学生建立分析问题、解决问题的思维体系，教会学生不要停留在这个案例上或者自己本次的表现上，还应该懂得举一反三，在今后的学习和生活中正确地观察和思考身边的人、事、物。

三、研究型教学法在思想政治理论课教学中的运用

所谓研究，《辞海》上的解释是"钻研，推究"，是"用科学的方法探求事物的本质和规律"。研究型教学法，是指在教师的指导下，结合教学主要内容和目标，帮助学生独立自主地思考和学习，帮助学生通过个人探究或者小组活动的形式，学会运用科学的方法探究知识，进而培养学生发现问题、分析问题和解决问题的能力。

（一）思想政治理论课教学中研究型教学法的含义及特点

思想政治理论课教学中的研究型教学法，是指在思想政治理论课教学过程中，教师结合思想政治理论课的教学内容和目标帮助学生学会独立思考和学习，帮助学生通过个人研究或者小组活动的形式，学会用思想政治理论去探求相关理论知识，进而培养学生发现问题、分析问题和解决问题的能力。思想政治理论课教学中的研究型教学法具有以下几个方面的特点：

1. 自主性

思想政治理论课教学中的研究型教学法的自主性特点，体现在研究型教学活动的过程中，教师通过启发和引导使学生积极主动地参与研究探索的全过程。研究活动需要学生自主参与，任何人都不可能代替。教师是整个教学过程的设计者、管理者，但是学生是整个研究过程的具体实施者。因此，教师应充分尊重学生的自主性，让学生自己决定研究过程的具体实施，其中包括学习合作伙伴的寻找、学习内容的设计、学习方式的运用、学习过程的开展、学习目标的实现等诸多方面，让学生真正成为学习的主人，发挥出自身的主观能动性和积极性。

2. 探究性

思想政治理论课教学中研究型教学法的运用，改变了过去传统的讲授式教学法，一改过去直接教给学生理论知识或者解释论证传授的理论的正确性的方式，让学生尝试着自己去探究理论的来龙去脉、本质和规律。探究性特点是思想政治理论课研究型

教学法的一个重要特点，它突出了研究型教学法的本质特征，让学生在研究的过程中主动掌握理论，学会发现问题、分析问题和解决问题，进而提高思想政治理论课的教学效果。

3. 理论性

理论性特点是思想政治理论课研究型教学法的另一显著特点。研究型教学法本质上讲就是需要发挥学生的主观能动性去钻研相关领域的理论知识的本质和规律，善于发现问题、分析问题和解决问题。这一过程，既是学生自主学习理论、掌握理论的过程，也是学生学会运用理论知识分析和解决实际问题的过程。学生通过查阅资料、独立思考、小组讨论、交流分析等的活动深刻认识和理解相关理论知识，并尝试着在实践中灵活运用。

4. 实践性

思想政治理论课研究型教学法的实践性特点，主要是指研究型教学过程中强调理论与实践相结合。一方面，教学过程所涉及的教学内容来源于实践，学生设计的研究问题也应该来源于实践；另一方面，学生所掌握的理论应该在实践当中验证，思考的问题也应该在实践当中得以解决。学生不仅需要通过书本上的知识的学习和资料查阅，也应该通过社会实践、调查研究，去学会分析问题和解决问题。

5. 目的性

思想政治理论课研究型教学法的目的性特点，主要是指研究型教学过程中学生开展研究工作的目的性明确，包括明确的研究课题、研究方向、研究任务和方法步骤等。教师结合理论内容和学生实际，有针对性地提出研究方向，学生据此展开明确而有目标的探索。

6. 创造性

思想政治理论课研究型教学法的创造性特点，主要是指在整个研究型教学过程中，一方面，教师除了要按照理论内容来设计研究方向外，还需要灵活地根据学生实际来设定。另一方面，学生根据教师的引导，自主地选择研究方向和课题。同时进行研究性学习的过程也具有一定的创造性。从研究问题的设计到研究活动的展开，从提出问题到分析问题、解决问题，无一不体现出学生的创造性思维。这种教学形式本身相较于传统教学形式有更大的创造性成分，而这种教学形式所渗透出来的理念也必然要求教师重视学生创造性能力的培养。

7. 综合性

思想政治理论课研究型教学法的综合性特点，主要是指教师掌握的理论知识背景的综合性、学生的研究方向的综合性和研究方法的综合性等。在研究型教学法的运用过程中，教师需要具备广泛的理论背景，涉猎既跟教学内容相关，又和学生研究兴趣密切相关的领域，不仅仅局限在思想政治理论学科的领域内，还广泛涉及伦理学、法学、政治学等领域，这就使得教师必须具备相关的理论知识背景，以胜任对学生研究型学习过程的指导和推动工作。同时，学生的研究方向也是多样化的，虽然以思想政治理论课教学内容为主体框架，以思想政治理论学科理论为基本理论基础，但在此基础上，学生可以广泛涉及相关交叉领域，如伦理学领域、法学领域等。因此，学生的研究型学习所涉及的方向是多方面的综合性较强的研究方向。

教师在指导学生开展研究型学习的过程中，学生开展研究工作运用的研究方法也是多种多样的，有文献查阅法、访谈法、参观调查法、理论思维法等，通常多种方法会同时出现在一次研究活动中，因此，在具体的研究活动开展过程中，充分体现了研究方法的综合性特征。

（二）思想政治理论课教学中采用研究型教学法的意义

1. 有利于提高学生学习的主动性

在思想政治理论课教学中采用研究型教学法，让学生成为学习研究过程的具体实施者，学生自主地选择和拟订研究方向、研究内容、研究方法和研究步骤。整个学习的过程就是学生主动提出问题、分析问题和解决问题的过程，学生通过这一教学方法，自主思考，学习和掌握理论知识和解决问题的方法，因此，这种教学方法能够极大地提高学生的主动性。

2. 有利于提高学生的理论水平

在思想政治理论课教学中采用研究型教学法，让学生自主地投入到对理论知识的学习当中去。同时，学生这一自我学习、自我提高的过程，也得益于教师运用多种教学法相辅相成促进学生理论水平的不断提高。当然，在这个过程中，研究型教学法尤其能够锻炼和提高学生的理论学习水平。在开展研究活动的过程中，为了实现活动目标，学生势必要积极查阅大量资料，阅读文献，掌握相关的理论知识，在打下牢固的理论基础后，才能进一步让研究活动开展下去，进而实现最终的学习目标。

3. 有利于培养学生的实践能力

在思想政治理论课教学中采用研究型教学法，让学生不是被动地接受理论知识，而是主动思考和探索理论知识，并提高分析问题和解决问题的能力。这一过程，就是让学生懂得并实施理论与实践相结合这一原则和理念的过程。一方面，通过教师的宏观指导和必要的方法帮助，学生投入到自主的研究学习当中，在实践中践行教师的教学方法，从而锻炼学生的实践能力；另一方面，学生也在研究过程中，在理论研究探索的同时，将理论与实际运用相结合，既巩固了所学理论知识，也锻炼了自身的实践能力。

4. 有利于激发学生的创造能力

从思想政治理论课研究型教学法的创造性特征可以看出，在研究型教学法的实施过程中，学生的创造能力得到了很大的激发和提高。学生根据教师的指导，自主地选择研究方向和课题，选择和拟订研究方法和具体步骤进行研究性学习。这种教学形式所渗透出来的理念必然要求重视学生创造性能力的培养，这种教学形式本身相对于传统教学形式有更大的创造性成分，全方位地激发了学生的创造能力。

5. 有利于提高教师的理论水平和教学水平

在思想政治理论课教学中采用研究型教学法，不仅对学生的学习起到了很大的促进作用，同时，也对教师的理论水平和教学水平有很大的促进作用，正所谓"教学相长"。一方面，在研究型教学法运用的过程中，教师要站在一定的理论和实践的高度对学生进行指导，这就要求教师自身必须具备过硬的理论功底，才能对学生进行进一步的指导；另一方面，教师在具备了指导学生的理论水平的同时，为了实现教学目标、达到预期教学效果，教师还必须不断提高教学水平，懂得在教学活动中运用多种教学方法和教育技术，懂得如何有效地指导学生，带领学生进入研究性学习的环节当中去。研究型教学法的实施运用，对教师的教学方法和教学技能起到重要的推动作用，使教师学会将理论知识同具体的教学实践相结合，这一实践过程也有利于教师自身理论水平和教学水平的提高。

（三）思想政治理论课教学中的研究型教学法的创新做法

随着研究型教学法在思想政治理论课教学中的运用，其具体操作方法也在不断创新。从选题方式到具体实施甚至到研究成果交流等诸多环节，都在不断出现创新的做法。

1. 从选题方式来看

传统的方法多是由教师选定题目布置给学生，然后由学生进行下一步的思考研究。在研究型教学法创新发展的过程中，这一传统的方法只是若干选题方式之一，在此基础上，为了调动学生的学习积极性和主动参与性，通常有一些创新做法。一方面，教师选定研究题目范围，由学生从中选择自己感兴趣或者有能力驾驭的题目进行进一步的研究，而不仅仅是由教师布置研究课题直接让学生操作；另一方面，在教师创设的特定问题情景和学生所具备的理论背景基础上，由学生自主选择研究方向，再通过师生互动探讨，最终确定研究题目。这种方式极大地提高了学生的参与程度，使得研究型教学不仅仅在形式上具有研究性特征，在具体操作中的实质内容上也体现出研究性。

2. 从研究活动实施的场所来看

思想政治理论课教学的传统阵地就是课堂，而研究型教学法的运用需要的实施场所不仅仅是课堂，还有课外诸多场所的利用，如图书馆、自习室等。首先，通过课堂环节，教师组织选题讨论和最终定题，指导学生学习相关的理论知识和研究方法，让学生具备研究的基本理论条件和实践条件。其次，通过课外的诸多环节，让学生自主开展具体的研究工作。在这一过程中，一方面，需要定期的课堂学习和讨论来推动研究工作的开展；另一方面，需要学生借助广泛的课外资源，查阅资料，继续深入学习理论，针对提出的研究问题去思考、分析并寻求解决之道，因此，研究场所广泛地存在。最后，研究成果形成后的讨论与交流，需要通过课堂，进行学生之间以及师生之间的交流互动。整个研究活动的开展，穿插着课堂和课外两大场所，甚至不分主次，共同承载着研究型教学法具体运用实施的重要载体功能。因此，研究型教学法的运用创新，必须充分重视课内、课外两大阵地，尤其需要挖掘传统教学法忽视的课外阵地，以提高研究活动开展的实际效果。

3. 从研究活动开展所需要借助的资源来看

通常传统意义上研究活动开展所需资源包括教师教学资源、学生课外查阅资料、整合社会资源等，但是随着现代科学技术的发展，这些资源本身的形式出现了新的变化和发展。以往的教学资源大多集中在课堂讲授内容、图书馆馆藏资源等方面，学生课外查阅的资料也主要集中在图书馆的馆藏资源中，而社会资源也往往是线下资源。而互联网的飞速发展，让这些传统资源具有了现代性特征，相关资料来源扩展到广阔的互联网上，如越来越多的专门电子书籍、期刊网站，甚至是博客等私人空间。交流平台资源也从线下研讨会、学术交流等发展到了网站、论坛、聊天软件等多种网络媒体形式。线上交流拓展了资料来源，学生可以借助各种网络资源学习更多的相关理论知识。因此，研究型教学法的具体运用必须充分利用这一系列新的发展情况，不断创新做法，多利用丰富便捷的网络资源，既能跟上时代的发展，又能推动研究工作的开展。

4. 从成果交流形式来看

在思想政治理论课研究型教学法的运用中，学生通过研究活动学习了理论知识，获得了分析问题、解决问题的思路和方法，得出了自己的研究结论。为了展示自己的研究成果并得到他人的建议，交流是必不可少的一个环节。传统的交流方式是通过组织课堂将研究成果展示出来，并辅之以答辩讨论。由于现代教学技术的发展，作为研究活动环节之一的交流环节也需要融入创新元素，用更加生动的形象展示深刻的内容。借助多媒体技术制作演示材料，在演示过程中与在场师生问答互动，既展示了自己的研究成果，又可以在问答交流中听取他人合理意见以补充自己研究工作的不足之处。甚至可以在课堂内的交流活动开展之前，借助网络交流工具进行研究全程的组内、小组之间和师生之间的交流互动，以保证整个研究工作的开展和最终研究成果的获得和呈现。

5. 从具体操作环节来看

思想政治理论课研究型教学法运用过程的整体操作环节分为以下几个方面：

第一，选题。选题环节，如前所述，不是教师简单地布置任务，而是教师在创设问题情景的前提下，在学生初步掌握理论知识的基础上，通过学生主动参与来最终完成选题工作。

第二，研究活动的开展。研究活动的开展过程是学生研究学习探索的过程。学生围绕选题，以独立完成的形式或小组完成的形式开展研究工作，包括研究过程的设计、研究方法的选择、研究任务的完成等。整个过程强调学生独立，但并不是学生孤立，独立是指研究型学习过程的进行和最终的具体抉择由学生自己完成。但是在这一过程中，需要通过学生之间以及师生之间的互动，建立良性的问答互动解疑模式，通过这种模式相互交流，进行思想碰撞，启发学生思维，推动研究过程的顺利完成，进而促进学生学习研究能力的提高和研究型教学目标的完成。同时，如前所述，这一过程中学生获取资源的具体途径和载体也不同于传统方式，而是有其与时俱进的创新之处。

第三，成果展示交流。如前所述，成果展示交流是研究型教学法具体运用环节中必不可少的一个环节，通过多种创新做法促使研究工作再一次得到巩固和提高。

第四，总结评价。这一环节是传统研究型教学法中比较薄弱的环节，很多情况下进行展示交流后，教师做出适当点评就结束了。但是，为了巩固和提高学生的学习效果，激发学生的参与热情和积极性，增强研究型教学法的实际效果，让研究型教学法不断得到提升和改进，总结评价环节也应该有所改进。在学生展示研究成果的过程中，可以由学生组成评委小组，人数为五人左右，具体的评判细则由评委小组和教师共同商讨拟订，重点应该集中在选题、研究过程及内容、主要观点、逻辑分析、答辩等环节。最后的总结评价不仅局限于对学生研究工作的肯定和提出问题、建议两个方面，还应进一步提出反思，让学生在未来的学习中懂得继续将研究型学习作为一种重要的学习方式充实到自己的学习体系当中去。通过对思想政治理论课研究型教学法运用过程和具体操作环节等一系列做法的完善发展，提高学生发现问题、分析问题、解决问题的能力，进而增强思想政治理论课教学的实际效果。

在高校思想政治理论课教学过程中，上述三种教学方法，既有各自的特点和在教学实践中不同的功能和作用，在具体运用中也会有交叉和联系。这三种教学方法的创新做法，都以方向性、思想性、科学性为指导原则，激发学生学习的主动性和积极性，强调学生之间和师生之间的互动性，重视理论与实践相结合，在具体操作中，都重视结合专题式呈现、案例运用、学生实践、现代化教育技术手段等诸多方面的运用。总之，这一系列教学方法的创新运用对思想政治理论课教学效果的提高有着重要的推动作用，通过这一系列教学方法的改革探索，把高校思想政治理论课建设成为高校学生真心喜爱、终身受益的优秀课程。

第二节　高校思想政治理论课教学评价的改革

高校思想政治理论课教学评价普遍存在评价方式单一、评价渠道单向、评价内容缺乏针对性等问题，很难对思想政治理论课的政治导向性、层次性和实效性做出评价。思想政治理论课教学评价改革须从评价过程、评价指标和评价体系入手。规范教学评价实施过程，可以最大限度地控制教学评价的误差，提高教学评价的信度；确立符合思想政治理论课实际的教学评价指标，可以规范教师教学评价的标准，提高教学评价的效度；优化教学评价管理过程和反馈体系，可以全面发挥教学评价的功能，达到"以评促教"的目的。

一、高校思想政治理论课教学评价的本质与功能

思想政治理论课教学评价在本质上是以"知行统一"为价值尺度，对思想政治理论课教学及其效果进行价值判断，它主要有导向、反馈、调节、研究等功能。进行课程评价的最终目的在于通过信息反馈，优化教学过程，提高教学质量。

（一）思想政治理论课教学评价的本质

教学评价是教育学研究的重点问题。从本质上看，教学评价就是对教学及其效果做出价值判断。教学评价能有效地帮助教师了解教学情况，促进教学质量提高，能为加强和改进教师队伍的管理和建设及制定决策提供依据，是高校教学主管部门监控教师教学的有效手段。

思想政治理论课教学既是一种教育实践活动，又是为经济基础服务的重要形式。因此，思想政治理论课的教学目标不同于一般的理论课，评价思想政治理论课的依据也更为复杂。总体来看，思想政治理论课教学评价的依据来源于两个方面：一方面，思想政治教育的目标是由我国的社会主义性质决定的，它规定了思想政治理论课教学必须反映社会的发展方向，必须有利于社会主义新一代人才的成长；另一方面，作为一种教育实践活动，它应当满足一定社会的政治、经济、文化等发展的需要，以及社会对培养、塑造一代新人的需要。

思想政治理论课在教学目标上强调贯彻党的教育方针，培养德才兼备、全面发展的高层次创新人才，巩固马克思主义在意识形态领域的指导地位。这一教学目标强调在知识评价和价值评价相统一的基础上，更加重视价值评价。因此，思想政治理论课教学评价的本质在于对教学产生的价值目标和知识目标进行综合判断。一方面，思想政治理论课教学评价对马克思主义理论知识的教学过程和教学效果进行评价；另一方

面，对思想政治理论课教学是否体现了政治导向性、层次性和实效性进行追踪评价。

（二）思想政治理论课教学评价的功能

通过教学评价，教师和教学管理人员可以大致了解教学过程，对教师的教学效率和学生的学习效果做出判断。教师还可以从教学评价的反馈中，获取提高教学效率的信息，并对教学过程做出调整，以选择更有效率的课堂教学方式。因此，从功能上看，教学评价具有导向、鉴定、诊断、调控和研究等功能，是课堂教学的重要环节。

相对于一般理论课，思想政治理论课有其特殊性。在特征上看，思想政治理论课具有鲜明的政治性、高度的复合性和较强的实效性。因此，对思想政治理论课的评价与对一般理论课的评价应有所区别。一般而言，思想政治理论课教学评价具有以下几项功能：

1. 导向功能

教学评价犹如教学过程中的指挥棒，可以通过设定具有目的性的评价内容、指标及其权重，形成导向机制，为教学管理提供工作的方向，为教师和学生指明努力的方向。对于被评价者而言，他们必须按照教学评价指定的方向和要求努力，才能得到良好的评价结论。教学评价导向功能的充分发挥，保证了教学目标的不断强化和实现。从这一角度而言，教学评价的内容、指标及其权重、结论都会影响教学活动的发展方向，因此，教学评价的标准对教学评价发挥科学、正确的导向功能尤为重要。思想政治理论课教学评价的导向功能还表现为引导良好的社会思想道德风尚的形成。思想政治理论课教学的评价指标不仅对教学活动提出了要求，而且对受评者的思想道德水准提出了要求。受评者在这一过程中，必定会按照指标要求，提升思想道德水准，经过不断评价和引导，必然会促进良好社会风尚的形成。

2. 鉴定功能

教学评价根据评价指标体系，运用测量、统计等评价方法，对评价客体进行实效性判定。评价结果可以区别受评者之间的差异性，从而明确调控的目标。教学评价对教学过程和教学效果的鉴定、诊断，是教学评价反馈功能发挥作用的重要表现。教学鉴定是指依据一定的标准，对教学过程和教学效果，通过评分、排名、区分等级等方式，做出优劣判断。教学鉴定的实质是对教学是否实现了教学目标或对教学目标实现的程度进行判断，使受评者在信息反馈中找到教学过程中出现的问题和偏离教学目标的原因，从而进行有针对性的改进，促进教学工作的进步。

3. 诊断功能

思想政治理论课教学的评价过程，也是对思想政治教育实践活动进行分析的过程，具有对存在的问题做出诊断的作用。诊断功能是在鉴定功能发挥作用的基础上实现的，它更为具体地判断了思想政治理论课教学活动是否达到教育目标的要求。受评者可以根据各项指标的具体得分情况，知道哪些工作做得好，哪些地方存在着不足；了解教育主体在教学中还存在哪些需努力改进的地方；了解在培养、提高受教育客体的思想道德素质和思维方式的过程中存在哪些问题等。因此，受评者通过评价诊断问题的症结所在，并及时给予纠正和改进，使思想政治理论课教学的改进更具有针对性、实效性。

鉴定和诊断的目的都在于通过评价信息的反馈，体现受评者的差异性，衡量教学活动与教学目标之间的差距。因此，思想政治理论课教学评价的鉴定功能和诊断功能，我们可以笼统地称之为反馈功能。

4. 调控功能

教学评价反馈功能的发挥，使教师、学生、教学管理者及时知晓教学情况，从而为教师调节教学过程、学生调节学习行为和教学管理部门改进管理提供了信息。当课堂教学获得较高的评价时，被评价者会获得心理上的鼓舞，并坚持好的方面；当获得建议和意见时，被评价者会针对评价，对教学过程做出改进。教学管理人员通过统计分析，可以评价教学目标的实现程度。如果评价结果与既定教学目标差距太大，就要考虑教学目标是否符合实际，是否具有实现的可能性。如果教学目标已充分实现，就要考虑是否提出更高、更具潜力的教学目标。这些情况，都需要对教学目标做重新考虑和相应的调整。

5. 研究功能

教学评价的研究功能是针对教学研究而言的。现代教育学强调教学过程是由教师与学生、教与学组成的双向互动过程。师生间在教学过程中碰撞、交流、融合，建立起教学相长的教学周期。教学周期的运转推动着教学过程的发展。教学评价在教学周期中，有着不可忽视的外部推动力。教学评价的调节功能的发挥，使教学过程中的优势得以保持、劣势得以改进，使后续教学周期的教学效果呈螺旋上升的趋势，完善了教学过程。因此，教学评价使教学过程变成了"学习—对照—调节—改进—完善—学习……"的闭环过程。教学评价的研究功能就在于它促进了教学活动中的双方通过研究教学评价的结论改进教学方法，提高教学质量。

二、高校思想政治理论课教学评价的基本要求

教学评价功能是否良好发挥，取决于评价体系是否对被评价课程具有针对性。针对思想政治理论课鲜明的政治导向性、高度的复合性和较强的实效性等特征，教学评价要达到以下要求：

（一）价值评价与知识评价相统一

价值评价与知识评价是相对于教学内容和目标而言的。思想政治教育作为我们的优良传统，作为社会主义现代化建设的重要保证，应有鲜明的立场和基本任务，即为

贯彻、落实党的路线、方针和政策服务。因此，思想政治理论课的教学目标不仅包含知识目标，还包含价值目标。思想政治理论课的政治性决定了高校学生学习马克思主义理论、中国特色社会主义理论体系的根本目的，即运用马克思主义的科学知识和方法，在改造客观世界的同时改造主观世界，形成马克思主义的价值导向。因此，思想政治理论课知识目标的实现是其价值目标实现的基础，二者是有机统一的。对课程的评价要以知识评价为依托，以价值评价为重点，并形成二者的有机统一。

（二）内在评价与外在评价相统一

内在评价与外在评价是针对教学过程而言的。思想政治教育是一个内化于心、外化于行的过程。从思想政治理论课的教学过程看，它既是一个内化理论的过程，又是一个教育、引导、激励学生把正确的理想信念、价值观念、思想认识和道德意识外化为行为和习惯的过程。"内化"与"外化"的统一，其现实表现就是"知行统一"。反映到思想政治理论课教学评价的内容上，就必须把知识、情感、技能、态度、政治观、价值观等内容复合在一起进行综合评价。在评价指标的设计上，对教学过程的评价，既要注重对教学内容做出评价，又要注重对以教师为主导的学生"内化"的过程、方法做出评价；对教学效果的评价，既要重视对学生考试成绩的评价，又要注重对学生外在的行为实践和长期的行为习惯的评价。对思想政治理论课成效的评价，不在于学校、教师组织了多少次实践活动，也不在于学生完成了多少社会实践报告以及学生在理论考试中得到了怎样的分数，而在于学生是否在学习和实践中将课程教学的内容内化于心，思想道德水平是否得到提高和发展，并体现在行为上。因此，对思想政治理论课教学的评价，要通过对"内外""外化"过程的评价，形成内在评价与外在评价的统一。

（三）现实评价与长远评价相结合

现实评价与长远评价是针对教学效果而言的。思想政治理论课教学是以培养学生运用马克思主义理论的能力为核心，促进他们思想品德发展的教学。因此，对思想政治理论课教学效果的评价，重点不在于教师是否用生动形象的方式讲完了教材内容，是否组织了实践活动，学生客观考核成绩如何等，而在于高校学生思想道德水平的发展状况，尤其是其世界观、人生观和价值观的发展状况及运用马克思主义理论指导知与行的能力水平。因此，对思想政治理论课的评价要将重点放在对学生的思想和行为所产生的长远影响上。针对思想政治理论课教学的知识目标，对教学效果的评价，既要注重对思想政治理论课程考核成绩的分析，又要注重考核学生在长期的学习中是否科学地运用了马克思主义的思维方式。针对思想政治理论课教学的价值目标，教学评价要更加注重评价学生是否内化了马克思主义的科学理论，是否提高了自身的思想道德素质。对思想道德素质是否提高的判断依赖于对学生学习发展过程的长期观察，如学生是否在政治上要求进步，是否勇于承担社会责任，是否为走向社会奠定了思想政治基础等。因此，思想政治理论课的评价要将现实评价与长期评价相结合。

（四）质性评价与量化评价相结合

运用教学评价的反馈功能是促进教学质量提高的有效手段。评价结论是否精确，是否具有可比性，是反馈功能发挥作用的重要因素。对思想政治理论课的评价，一般建立指标体系，并根据指标的特征赋予相应的权重，形成课程评价表。评价主体通过主观判断或依据客观标准评判各项指标的得分，评价完成后，组织教学评价的部门即可根据评价表统计出确定的评教成绩。这是获得具有可比性的、精确量化的评价结果的有效方法。

值得注意的是，通过行为来间接地测量人的思想是个复杂的问题。人的行为可以正确反映人的思想，也可以扭曲反映人的思想。因此，思想政治理论课是否能帮助学生树立正确的政治导向、提高思想道德素质、构建马克思主义的思维方式等，因目标的长效性、潜在性，是很难做到精确量化地评价的。综上，在教学评价中，一般应设有开放性问题，通过长期观察，排除表面现象，对学生的思想行为进行动态、全面的预测和分析，得出结论。

三、高校思想政治理论课教学评价存在的问题

目前，多数学校在做教学评价时，将思想政治理论课视为一般理论课，并同一般理论课共用一套评价指标，来完成课程评价。思想政治理论课有它固有的特征，目前的评价方式抹杀了思想政治理论课教学的特殊性，主要存在以下几方面的问题：

（一）缺乏价值效度评价指标

"指标"是社会经济统计中的术语。评价指标是根据评价的目标，由评价指标的设计者分解出来，能够反映评价对象某方面本质特征的具体化、行为化的主要因素，它是对评价对象进行价值判断的依据。因此，评价指标的设计，必须能对评价对象的本质特征做出判断。目前，各高校对思想政治理论课的评价多采用一般理论课的评价指标。思想政治理论课在教学任务上不同于一般理论课，除了一般理论课共有的知识目标，它主要担负着巩固马克思主义的意识形态、树立"理论自信"的重要价值目标。采用一般理论课的评价指标，往往只能对思想政治理论课的知识目标进行评价，忽视了对其价值目标的评价，这严重违背了思想政治理论课课程设置的目的。因而，思想政治理论课的课程任务决定了其评价指标必须包括价值效度。

（二）缺乏长期效度评价指标

从高校学生学习思想政治理论课的目的看，他们一方面需要通过学习树立正确的

"三观"，另一方面需要在学习马克思主义理论的同时，掌握马克思主义的科学研究方法，即唯物辩证法，为其他学科的学习和研究打下基础。学生是否掌握马克思主义的科学研究方法，需要从其他学科的学习中体现出来；学生是否通过学习提高了思想道德素质，树立了正确的"三观"，要对学生的言行进行长期观察，甚至对毕业后的思想政治表现进行测评才能知道。因此，对思想政治理论课效度的评价不应拘泥于对知识内容的掌握，而要关注学生学习的长期效度。目前，对思想政治理论课效度的评价只拘泥于通过考试成绩对学生的理论知识掌握情况进行评价，而忽视了对价值目标的评价，而价值目标需要长期追踪才能得出结论。

（三）评价过程缺乏科学性

目前，思想政治理论课的评价过程在三个方面缺乏科学性。第一，从评价指标设置看，多数高校将思想政治理论课视为一般理论课进行评价，因此，设置的评价指标体现不出思想政治理论课的价值目标。第二，对各指标权重的设置也显得主观，往往由教学管理人员随意设置，随意更改，使评价缺乏科学性、权威性。第三，在评价的方式上，目前的评价偏重对教师的评价，而轻视对学生的评价；在评价的主体上，只重视学生的评价，轻视教学督导、同行、教学管理人员的评价。教学是一个互动的过程，教师为教的主体，学生为学的主体，仅评价教师只能起到对教学的目标内容进行评价的作用，不能对学生学习的目标效度进行评价，这不符合对思想政治理论课的评价要重视对长期效度、外在效度评价的基本要求。只重视学生的评价，评价结论也难以客观。一方面，参与评价的学生知识掌握的程度有限，无法从宏观上把握教师的教学水平；另一方面，学生往往带着主观偏好和感情色彩评价教师。

（四）对评价结果缺乏全面分析

教学评价具有导向、反馈、调节、研究等功能。教学评价的反馈功能的发挥，可以使阶段性的教学过程变成闭环的、不断改进的良性循环系统。教学评价结果是否能得到客观、全面的分析，是教学评价反馈功能能否有效发挥的关键。目前，思想政治理论课的教学评价只重视量化评价结果，并将其作为考核教师的手段。对于质性评价的结果，管理部门极少甄别评价内容的真实性，直接反馈给教师，并且没有督促教师落实评价中的意见和建议。一方面，这样不能满足对思想政治理论课价值目标进行质性评价的需要；另一方面，缺乏进一步求证的评价结果往往主观、片面，针对性差，权威性差，教师也很难接受这样的结果。这就使得教学评价难以成为将阶段性教学过程连接成闭环的、不断改进的良性循环教学系统的桥梁，导致以评促教功能难以实现。

教学评价的过程好比医生诊断病人的过程。目前，思想政治理论课教学评价中存在的问题，好比医院诊断病情时无专门的科室，医生诊断和处方靠主观感受，对治疗的效果无追踪、无统计、无调控。随意、无反馈的诊疗，既不利于医生提高诊疗水平，更不利于对病人疾病治疗方案的改进。对病人而言，治疗是否有效，取决于医生的主观经验和一些个人因素。显然，这样的课堂教学评价机制起不到以评促教的作用。

四、高校思想政治理论课教学评价的内容与指标体系

教学活动作为一个动态的过程和有机的系统，只有从整体上加以认识和把握，才能对它做出公正合理的价值判断。从理论上讲，思想政治理论课教学推进过程中涉及的方方面面都可以作为评价对象，包括教师、学生、课程和教材、教学过程、学习过程、教学管理、教学效果、对教学评价的再评价等。我们在考虑评价指标体系时，对本课题的研究目标做了细致的分析，有针对性地确定了思想政治理论课教学评价的内容及各级指标。

（一）确定目标内容和目标效度为评价内容

教学评价是指"系统地、有步骤地从数量上测量或从性质上描述学生学习的过程与结果，据此判定是否达到了所期望的教育目标"。

教学评价体现了教学过程评价和教学效果评价的统一。对教师教学效率的评价主要是以教师为评价对象，评价的内容包括教师的教学指导思想、教学方法、教学内容、教学手段等。对学生学习成效的评价主要是对学生学习过程中的行为、表现做质性判断，对学生的学习效率、学习成果做量化判断。由于教师的"教"和学生的"学"是同一教学过程中互相关联的两个方面，因此，学生的学习成效也是评价教师教学效率的重要指标。对课程设计与实施的评价是对教学过程的评价，它以师生共同参与的教学活动为评价对象，主要评价课程计划的利弊。

我们采取内涵分析法，确定了教学评价的内容。从教学的本质看，教学是教师有目的、有计划地组织学生进行有效学习的活动过程。从教的角度来说，教师是主体；从学的角度来说，学生是主体。从整个教学来说，教师的"教"是主要方面，教师起着主导作用，学生的"学"是最终对象。教学评价的指标最终要体现在教师教学的态度及行为和学生学习的态度及行为，以及师生教学互动行为的变化与产生的成效上。

按照教学评价要体现教学过程评价与教学效果评价相统一的原则，教学的目标内容和目标效度都应当成为思想政治理论课的评价内容。其中，目标内容包含的指标用于评价教师的教学效果，目标效度的指标用于评价学生的学习效果。

（二）确定多元主体的评价思路

研究教学评价的目标是构建具有较强的针对性、参与性、实效性的多元主体参与、师生双向互评、教学内容与教育效果评价相结合的评价内容和指标体系。从多元评价主体的要求看，评价主体应包括共同参与教学过程的教师、学生，还应包括参与教学指导和监督的教学督导，以及能够提出建设性意见的同行。

根据设置多元评价主体和教学过程评价与教学效果评价相结合的评价原则，我们提出以下思路：

第一，确定教学的目标内容为学生评教指标。教师是"教"的主体，学生是"教"的客体。众多学生直接接受教师长期的教学，评价具有客观性、稳定性。

第二，确定教学的目标效度为教师评学指标。学生是"学"的主体，教师全程指导学生"学"的过程，因此，可以对学生在不同阶段的学习效果做出评价。

第三，将教学的目标内容和目标效度共同作为督导专家、教师同行的评价指标。督导专家对教学过程起到指导和监督的作用，可以全面掌握教师的"教"和学生的"学"的基本情况，评价具有权威性。因此，他们要对教学的目标内容和目标效果进行全面的评价。

（三）构建符合课程评价特征的指标体系

建立全面、科学的教学评价指标体系有助于正确引导教学，提高教学质量。课堂教学评价指标是教学工作的指挥棒，评价指标体系中有什么目标，实际的教学工作就注重什么内容，而且指标的权重越大，注重的程度也就越高。对于思想政治理论课教学评价而言，如何使它发挥正确的导向作用，取决于评价指标是否科学、客观、权威。

1. 一级指标的设置

根据构建多元评价主体参与教学评价的原则，我们确定教学目标内容与目标效度为评价内容。评价内容的确定，为一级指标的设置提供了范围和目标。从教学的一般目标看，教学目标指教学活动实施的方向和预期达成的结果，是一切教学活动的出发点和最终归宿。教学目标的实现，与教学过程密切相关。教育过程可以细化为为了实现教学目标而采取的教学指导思想、教学态度、教学内容和教学方法。因此，从教学的一般目标出发，我们在教学的目标内容这一评价内容下设定教学指导思想、教学态度、教学内容和教学方法为一级指标。

从教学的目标效度看，20世纪初，美国教育评论之父拉尔夫·W.泰勒提出了以目标为中心的评价思想，其主旨是通过具体的行为变化来判断教育目标实现的程度。因此，在目标效度指标的设计上，尤其要把握指标与课程教学目标的契合度。思想政治理论课教学目标既包含知识目标，又包含价值目标；在教学效果上，既强调课堂教学中对理论的掌握，又强调在社会实践中对理论的运用。根据思想政治理论课教学目标的特殊性，在目标效度的评价内容中，我们设计了理论学习效果和实践成效两个一级评价指标。

需要说明的是，教学过程是一个具体、烦琐的师生互动过程，在选择思想政治理论课评价的一级指标的过程中，要突出课程的特殊性。因此，一般教学过程中涉及诸多方面而又缺乏对本门课程的针对性的指标，都没有被考虑作为一级指标。

2. 二级指标的设置

第一，设置的依据。评价指标体系是指由一系列能够反映对象本质属性的评价指标通过特定的关系整合成的系统的评价指标集合或总体。它主要由反映评价对象内涵的指标集及其评价标准和量化符号构成。教学评价指标设置的基本思路如下：

首先，从内涵分析入手，抓住事物的本质属性，然后把这一本质属性的现象性外观表现确定为指标；其次，从分析事物间的相互联系入手，抓住事物变化后产生的效应，把事物变化后所产生的效应确定为指标；最后，抓住事物的全部属性或相关属性，把因素群作为评价指标。

思想政治理论课教学评价的二级指标是根据课程的本质属性以及与其相联系的特征、现象和效应来设置的。思想政治理论课的课程属性和教学目的，较一般的理论课有其特殊性，即在教学模式上强调教与学的统一，在教学过程中强调真理与价值的统一，在教学效果上强调知行统一。在对课程进行评价时，要达到价值评价与知识评价相统一，内在评价与外在评价相统一，现实评价与长远评价相结合，质性评价与量化评价相结合的基本要求。此外，设置二级指标时，还要针对现有评价方式中存在的种种问题，如缺乏价值效度、长期效度评价指标，评价过程缺乏科学性等，设计具有科学性、针对性、权威性的评价指标。针对思想政治理论课的特征和当前教学评价存在的问题，思想政治理论课教学评价指标体系主要按照以下内容来设置，但评价主体不同，评价指标的具体内容及其权重也有所区别：

（1）教学指导思想及其二级指标。教学指导思想设置"注重提高学生的思想政治素质""注重培养自主学习及运用马克思主义的能力"两个二级指标。思想政治理论课价值目标与知识目标的统一性决定了教师在授课时，在教学指导思想上要有鲜明的政治导向性，以培养学生的思想政治素养；思想政治理论课要实现内化与外化的统一，决定了教师在授课时不仅要注重灌输理论知识，还要注重培养学生运用马克思主义解决实际问题的能力。

（2）教学态度及其二级指标。教学态度设置"教学作风严谨负责，既严于律己，又不放松对学生的要求""课下及时有效地解答学生的问题"两个二级指标。作为教师，应为人师表，讲授任何一门课程时，都应具备高尚的师德。教学态度就是师德的外在表现之一。在这一指标的设置上，思想政治理论课教学评价并没有特殊性。

（3）教学内容及其二级指标。教学内容设置"教学内容突出时代性、实践性、针对性""教学案例具有典型性、代表性、普遍性""教学视阈宽阔，既体现马克思主义理论的科学性又体现其发展性、现实性""教学思路清晰，重点、难点讲解清楚适度"四个二级指标。思想政治理论课教学强调中国特色社会主义理论体系与马克思主义的一脉相承性，强调理论与实践的结合性，课程时代特征强，实践性强，因此，在对教学内容的评价中，突出时代性、实践性和针对性的指标，突出教学内容是否既体现继承马克思主义，又运用和发展马克思主义的指标。马克思主义的实践性强调理论与实践相结合，在这一问题的理解上，教学中常用的方法就是案例教学法。因为对教学内容的评价强调教学案例是否具有典型性、代表性和普遍性。在教学思路上，思想政治理论课的讲授要求与一般理论课的要求一致，强调思路清晰，重点、难点讲解清楚。

（4）教学方法及其二级指标。教学方法设置"调动学生学习的主动性，强调学生在学习中的主体地位""注重采用启发式、案例式、问题中心式、讨论式等交互式、参与式的教学方式"为二级指标。这两个二级指标的设置，一方面是根据课程性质而定的，思想政治理论课强调思维方法的学习，强调政治素养的培养，强调理论与现实的结合，因此，在教学方法上，要采取注重思维引导、以学生为学习主体的教学方法；另一方面是由高校学生学习的特点决定的，高校学生擅长自主学习和研究性学习，因此，在教学方法的评价上，要强调是否突出学生的学习自主性。

（5）理论学习效果及其二级指标。理论学习效果设置"形成了对本课程的求知欲和学习主动性""学习收益大，提高了运用马克思主义理论分析和思考问题的能力，具备了一定的马克思主义政治理论素养""学生平时成绩与考试成绩优秀"三个二级指标。思想政治理论课评价要求做到现实评价与长远评价相结合，质性评价与量化评价相结合。因此，在理论学习效果指标的设置上，既选择具有质性评价特征和长远影响的马克思主义素养的形成指标，又选择具有量化评价特征和现实效果的考试成绩。

（6）实践成效及其二级指标。实践成效设置"社会实践内容与理论教学内容相呼应，体现鲜明的政治导向性""社会实践成果丰硕"为二级指标。这两个二级指标设置主要基于思想政治理论课教学强调理论与实践的结合，强调马克思主义思维方式的形成和理论由内化到外化的能力。

第二，设置的程序。在思想政治理论课教学评价二级指标形成过程中，应采用严密、科学和规范的程序。首先，研究高校评价指标的特点和问题，形成调研结论。其次，对思想政治理论课的教学环节进行层层分解，形成可以操作和评价的具体指标。在分解的过程中，始终依照一级指标既评价目标内容，又评价目标效度的思路，将同性质的评价内容归为一类，并注重一级指标对二级指标的概念包含关系。再次，分解的每项指标尽可能地做到便于量化，对于一些不能量化或难以量化的指标，要采用精确的语言进行描述，做到易于判断。最后，为了保证评价指标体系的客观性、科学性，还要通过组织任课教师和专家召开研讨会、个别访谈、问卷调查等形式，论证指标体系的合理性、科学性。

（四）指标的修改和完善

为了检查评价指标体系的有效性，高校通过观察总结优秀教师的教学行为、专家访谈、对校内外一线教师进行访谈、对教学管理人员进行访谈等方式，找出初拟指标中不适用的地方，最后通过研讨的方式形成可操作性强的评价指标体系。

高校有关领导走进思想政治理论课优秀任课教师的课堂进行听课，目的在于搜集典型案例和优秀教学行为，以修改和完善评价指标体系。在听课及利用此评价标准进行试评的过程中，主要就其是否有效和是否具有可操作性而展开。假设该评价指标体系有效，则能够通过该评价指标的评价，准确地反映出教师在教学方面的优点与缺点，能够为其改进教学方法提供具体的依据。

第一，教学指导思想。教学现实性强，不是就理论讲解理论。授课的目的在于提高高校学生的思想政治素养，培养学生运用马克思主义解决现实问题的能力。

第二，教学态度。教师在上课时，富有激情的授课方式极富感染力，使他们在教学过程中一直处于主导地位。课堂上，要通过循序渐进的启发式教学，获得良好的教学效果。在对学生的要求上，教师要强调在课堂纪律有序的前提下形成良好的互动，既体现严谨的教学作风，又使课堂充满吸引力。在课后，教师要认真回答学生的提问，不仅要从理论上进行解答，还要结合实际探讨社会现实问题，体现思想政治理论课的教学目标。

第三，教学内容。教学内容要重视马克思主义基本原理在当代中国的发展，注重理论联系实际，注重引导学生用马克思主义的思维方式解决现实问题。

第四，教学方法。教师要运用启发式、案例式、讨论式的教学方法，注重课堂互动，注重学生的参与性。引导学生关注高校学生理想信念缺失的严重后果时，采用了中心问题讨论式的参与教学法，获得了较好的教学效果。

五、高校思想政治理论课教学评价指标体系的运用及结论

（一）确定三类评价量表

不同的评价主体所处的角度不同，评价的侧重点也有所差异。教师作为自我评价的主体，往往很难准确地对自己的教学做出可信的评价，评价结论往往比实际效果更高。同行评价的优点是同行教师对教学内容、教学方式非常熟悉，因而可以对大纲执行情况、讲授内容、进度快慢提出中肯的意见，或相互交流切磋教学方法和学术见解，促进教学水平的提高。但同行之间进行评价容易出现两种情况，一是由于同行间竞争关系的存在，打压评分；二是同行间"互相帮助"，抬高评分。专家对教师的教学评价虽然客观、权威，但专家评价样本量小，只能用于抽查整体教学情况，不可能全程跟踪评价教师，这使他们很难对教师总体的教学效果做出评价；学生评价可以站在教与学的感应角度来评价教师的教学，样本容量大，可为教师改进教学提供参考价值。根据评价内容和评价主体，可以将思想政治理论课学生评教表分为三类：

第一类以教学的目标内容为评价内容，形成"思想政治理论课学生评教表"，供学

生评价教师教学；第二类以教学的目标效度为评价内容，形成"思想政治理论课教师评学表"，供教师评价学生的学习效果；第三类将目标内容和目标效度共同作为评价内容，形成"思想政治理论课教学专家、同行评价表"。三类评价表的形成，实现了评价主体的多元化，使评价结果更为客观。

（二）确定评价量表的各指标分值

为了方便计算、比较和排序，将"思想政治理论课学生评教表""思想政治理论课教师评学表"和"思想政治理论课教学专家、同行评价表"的总分值都设定为100分。"思想政治理论课学生评教表"一共10个二级指标，每个指标占10分。"思想政治理论课教师评学表"一共5个二级指标，每个指标占20分。"思想政治理论课教学专家、同行评价表"包含"思想政治理论课学生评教表"和"思想政治理论课教师评学表"中所有的评价指标，因此分值均作减半处理。

（三）确定评价量表的各指标权重

在进行思想政治理论课教学评价指标的问卷调查后，形成了各二级指标权重的统计数据。在做问卷调查时，我们将所有二级指标的权重之和设定为100%。但是，"思想政治理论课学生评教表"和"思想政治理论课教师评学表"并不包含所有的二级指标。而为了方便计算和比较，又将这两类评价表的总分都设定为100分，如果不做处理，将思想政治理论课教学评价指标的问卷调查后的权重直接用于"思想政治理论课学生评教表"和"思想政治理论课教师评学表"，就无法得到总分为100分的评价结果，评教和评学的成绩无法做比较。

因此，必须对"思想政治理论课学生评教表"和"思想政治理论课教师评学表"中的各评价指标的权重做换算。方法是：分别将"思想政治理论课学生评教表"和"思想政治理论课教师评学表"中各指标权重之和设定为100%，再根据思想政治理论课教学评价指标问卷调查后统计的权重比例，重新计算新的权重。

（四）调整各评价指标权重

在指标的修改和完善的环节中，教学专家、优秀教师、教学管理人员考虑到思想政治理论课的特殊性，认为应适当提高教学指导思想的权重，弱化对教学效果尤其是学生考试成绩的评价。此外，教学专家、优秀教师、教学管理人员一致要求对权重做取整处理，以方便统计测算。

综合各方意见，经过研讨，拟定了以下调整原则：

第一，问卷调查的结果显示，"评教"和"评学"所占的权重分别为68.38%、31.62%。课题组在咨询任课教师、教学专家、教学管理人员的基础上，经过研讨，对"评教"和"评学"的权重做了取整处理，结论是"评教"占70%的权重，"评学"占30%的权重。

第二，将"思想政治理论课学生评教表"一级指标"教学指导思想"下"注重提高学生的思想政治素养""注重培养自主学习及运用马克思主义的能力"两项指标的权重分别提高到 12%、13%。

第三，为了保证指标权重之和为 100%，对各二级指标做了四舍五入的取整处理。"评教"表中的二级指标，在满足"注重提高学生的思想政治素养""注重培养自主学习及运用马克思主义的能力"的权重各为 12%、13% 的基础上，适度降低了其他二级指标的权重。

（五）生成评价量表

根据本课题研究的目标和在调查研究基础上计算所得的各二级指标的权重，生成三类评价量表。第一类是"思想政治理论课学生评教表"，用于学生评价教师的授课情况，达到对目标内容评价的要求。第二类是"思想政治理论课教师评学表"，用于教师评价学生的学习效果，达到对目标效度评价的要求。第三类是"思想政治理论课教学专家、同行评价表"，用于教学专家、同行、教学管理人员评价教学的整体情况。值得注意的是，第三类评价量表的评价指标是第一类和第二类评价量表指标的总和。为方便评价结果的统计分析，满足评分总分为 100 分的要求，对第三类评价量表的指标分值做了减半处理。量表中的分值以 100 分为总分，是按照指标数量平均分配的。每一指标的最终得分由评分"*"权重得到，总分为各指标得分的总和。

对评价结果，一方面，可以根据加权得出的总分对各评价对象进行总体排序；另一方面，还可以分别得出各评价主体的各级指标得分情况，并据此分析教师（或学生）的教学（或学习）效果的主要影响因素，从而促进教学（或学习）方法的改进。对开放式评价问题的统计，只能采取模糊统计的形式，让被评价者从评价结论中获得一些主观感受，以调整教学的内容和方式。

综上所述，由于思想政治理论课有着真理与价值相统一、知行统一的教学目标，在评价指标体系的构建及教学评价过程中，要遵循价值评价与知识评价相统一、内在评价与外在评价相统一、现实评价与长远评价相结合、质性评价与量化评价相结合的评价原则。在评价实施的过程中，要强调评价指标采集、指标权重设置的相对客观性，评价主体的多元化和广泛性。在评价结果的处理上，既要注重对精确数据的统计分析，也要注重对评价主体主观评价的模糊量化。只有科学地设计教学评价的各环节，才能使教学双方获得直观、全面的评价信息，从而使教学评价充分发挥反馈功能，促进教学质量的提高。

第三节　课堂教学与思想政治理论课的教学改革

　　思想政治理论课是高校对高校学生进行思想政治教育、品德教育和马克思主义理论教育的主渠道，对高校学生政治方向的引导，对他们世界观、人生观和价值观的形成，对培养他们成为中国特色社会主义建设者和接班人都具有十分重要的作用。当今新形势和新情况对高校思想政治理论课的教学提出了新的挑战和要求。课堂教学是思想政治理论课教育教学的主体和基本形式，增强其实效性是改进思想政治理论课教育教学工作的中心环节。

　　如何进一步加强和改进思想政治理论课的课堂教学，使马克思列宁主义、毛泽东思想、邓小平理论、"三个代表"重要思想和科学发展观、习近平新时代中国特色社会主义思想融入学生的思想观念并指导他们的实践，从而充分发挥思想政治理论课的作用，已经成为高校思想政治理论课教师面临的重要而又紧迫的现实课题。

一、思想政治理论课课堂教学实效性的制约因素

　　我国高等学校从 20 世纪 50 年代开始就开设了思想政治理论课程，改革开放以来，特别是党的十三届四中全会以来，高等学校思想政治理论课教育教学取得了很大成绩。邓小平理论、"三个代表"重要思想和习近平新时代中国特色社会主义思想等重要思想进教材、进课堂、进学生头脑工作不断深入，学科建设扎实推进，教材建设取得成效，教学方式方法逐步改进，教师队伍建设得到加强。不少高校为思想政治理论课的改革和发展做出了积极的贡献，如武汉大学积极探讨"两课"的课程内容、教学方法和教学手段，整体推进思想政治理论课的教学和发展，使之走上了内涵式的发展道路。然而，目前取得的成绩还只是阶段性的和局部性的，相当一部分高校的思想政治理论课的课堂教学实效性不理想。要增强理论课的课堂教学的实效性，必须清楚影响思想政治理论课堂教学实效性的制约因素。

（一）社会环境巨变带来严峻挑战

　　影响思想政治理论课课堂教学实效性的因素是多方面的。社会环境是其中十分重要的客观影响因素。社会环境主要是指社会政治、经济、文化环境，它可以分为国际社会环境和国内社会环境，不同的社会环境对思想政治理论课的课堂教学工作会有不同的影响。当今国际政治、经济和文化环境越来越复杂，国内政治、经济和文化生活发生巨大变化，给思想政治理论课课堂教学带来了严峻的挑战。

　　随着世界多极化和经济全球化的深入发展、信息化的不断加快和我国改革开放的

日益深化，世界上各种思想文化相互碰撞和影响。

以互联网为代表的信息技术的发展也在一定程度上弱化了高校思想政治理论课课堂教学的效果。互联网的超时空性和开放性使信息传播超越了地域和国界的限制，大量反动、迷信、黄色的信息迅速传播，容易给社会经验不足、思想尚不成熟、自制力不强的高校学生造成不良影响。西方国家在网络文化交流与对话中处于绝对的优势地位。据统计，在全球网络文化交流与对话中，英语信息占 90%，法语信息占 5%，其他信息占 5%，而其中中文信息还不到 1%。他们借此大肆宣扬自己的主张，推销他们的意识形态、价值标准、文化道德观念和资产阶级生活方式。鱼龙混杂的网络信息和西方的宣传攻势势必引起高校学生思维方式、行为模式、心理健康、价值取向和意识形态的巨大嬗变，甚至会使他们丧失应有的政治观点和立场，这给理论课的课堂教学工作带来了巨大的挑战。

随着改革开放的推进，中国社会经济发展快速，社会主义市场经济日趋成熟，经济主体向多元化发展，经济利益、社会生活方式、社会组织形式、就业形式呈现多样化的趋势。然而，我国生产力总体水平还不高，结构性矛盾仍然存在，收入分配不均的趋势尚未根本扭转。在社会转型阶段，政治、经济和文化等多方面发生突变与重组，社会发展中许多深层次的矛盾逐渐暴露出来，各种不确定因素凸显，社会热点、难点问题渐次增多，贫富差距过大等现象较为普遍。社会的不良现象给高校学生的内心世界和思想观念带来了强烈的冲击，对思想政治理论课课堂教学的实效性产生不可忽视的负面影响。

国际形势的复杂，特别是意识形态领域的矛盾和斗争，冲淡了高校学生对共产主义理想和社会主义信念的信奉与坚守，急剧变化的国内社会环境中存在的各种消极因素对高校学生的思想观念和行为方式产生了不利的影响。这是思想政治理论课课堂教学所面临的现实环境，这种环境不可避免地削弱了课堂教学要实现的提高高校学生思想政治素质和道德修养的功能与作用，从而制约了理论课课堂教学有效性的充分发挥。

（二）教学方式与教学手段滞后

社会环境的巨变是影响思想政治理论课课堂教学实效性的外部因素，但是，影响思想政治理论课教学效果最主要的原因在于教学过程本身，特别是教学内容、教学方法和教学手段等方面的原因。教学方法和教学手段的滞后从根本上制约了思想政治理论课课堂教学的有效性，是影响课堂教学实效性的关键因素。

思想政治理论课的教学内容越来越丰富，但是仍然比较重复、空洞，缺乏时代感、吸引力和针对性。不少内容与中学课程内容一致，思想政治理论主干课程中也有部分内容交叉，在深度上也未能很好地体现知识的衔接与推进关系，使学生难以产生新鲜感和求知欲，认为在大学阶段学习思想政治理论课意义不大，学习积极性不高。同时，教学内容跟不上当今社会的发展形势，与实际联系不够紧密，不能满足学生的精神需求和思想道德的实际状况，不能很好地解答高校学生在生活中普遍关心的社会现实问题。与现实脱节必然导致教学内容的说服力有限，学生难以接受空洞的教学内容，甚至对之产生反感，课堂教学的实效性就无从谈起；教学内容也没有及时吸纳党的最新理论成果和学科发展的前沿动态。教学内容安排上，重视知识的灌输，忽视对学生能力的培养。

除了知识性的结论外，学生判断复杂问题的能力、辨别是非善恶的能力、分析问题的能力、自我教育的能力等并没有得到很大的提高，也就难以用课堂所学内容指导自己的行动，课堂教学的实效性无法得到体现。此外，不同专业、不同阶段、不同层次的学生使用统一教材，教学内容相同，缺乏针对性，从而降低了课堂教学的实效性。

多年来，思想政治理论课教学方法保守死板、形式单一，仍然是以教师为主体的单向灌输式，师生之间的交流与互动不够，"我讲你听，我教你学"的单边教学活动依然存在，学生处于被支配的地位，往往只是被动地接受和消极应付，学习的积极性不高，主动性也没有被充分调动起来，创新思维和探索精神得不到充分发挥，即使教师滔滔不绝地讲解，听者却是寥寥无几。这种机械刻板式的教学方法显然无法培养人的整体素质，更不利于开发学生的创造潜能。而且，一些理论课教师在授课过程中往往摆出一副权威者、训导者的架势，不利于营造融洽的师生关系和活跃的课堂气氛。

在当前思想政治理论课的课堂教学工作中，现代教学技术逐渐普及开来，但并未得到合理、有效的利用。许多教师采用多媒体的教学手段，但不少教师制作的多媒体课件内容浮浅，仅是教材的翻版或板书的替代品。还有很多教师过分渲染多媒体教学的作用和效果，制作的课件内容过于丰富，频繁地更迭图片和影像资料，忘记了多媒体技术只是教学的辅助手段，不能喧宾夺主。这样的方式让学生难以接受，教学效果也只能是事倍功半。

（三）教师队伍整体素质良莠不齐

在思想政治理论课课堂教学过程中，教师是教学活动的设计者、组织者和主导者，其业务素质、思想政治水平、理想信念状况、主体意识等方面都关系到课堂教学的实际效果。教师是否以高昂的热情和积极的态度投入教学，是否具有坚定的马克思主义信仰，是否具有科学的认知方式和教学方法，都会对课堂教学的实效性产生直接影响。

思想政治理论课教师不仅是马克思主义理论、中国特色社会主义理论的宣讲者、传播者，也是科学理论的研究者。教师队伍应该是马克思主义理论素养高、人文社会科学基础知识扎实、学贯中西、功底深厚的队伍，应具备较高的理论水平和学术素养。然而许多高校的思想政治理论课教师数量少，没有达到国家要求的 1∶400 的比例，教学任务繁重，没有更多的时间和精力用于备课、科研和深造或培训，影响了理论素养的提高。学术带头人匮乏，学术气氛不够浓厚，教师普遍缺乏坚实的理论基础，对马克思主义经典著作的理解不够，问题意识不强，缺乏对重大现实问题的理论把握和对重大理论问题的创新研究能力，这些问题致使当前的思想政治理论课教学存在一个关键难题，即教师在吸收中外相关最新理论方面比较欠缺，往往是简单地带有宣传性地讲课，没有从学术角度做独立性讲解，不能从理论高度深入分析热点、难点问题，不能引发学生浓厚的学习兴趣和共鸣，因此，马克思主义理论和中国特色社会主义理论就难以进入学生的头脑。

思想政治理论课教师的主动性不强也不利于课堂教学实效性的提高。在高校教师队伍中，思想政治理论课教师相对于其他专业教师而言，地位较低，部分教师对自身角色定位不准，仅视自己为"教书匠"，看低自己从事的教学工作，主体意识不强，教学热情不高，不能自觉地以主体身份和责任意识开展教学工作，有的甚至对课堂教学消极应付，敷衍了事。因此，从思想政治理论教育者的主体性视角考察，教育者主体性意识不强、能动性作用发挥不恰当是造成思想政治教育有效性缺失的直接原因。

（四）大班教学存在诸多问题

近十几年来，为适应我国经济社会发展的需要，我国高等学校大规模扩张，高等教育培养模式完成了由精英化向大众化的转变，各高校大量扩招，学生人数持续增加，而教师数量，尤其是思想政治理论课教师的数量远远跟不上学生数量的增长，教学资源更为紧张。为了保证思想政治理论课教学任务的顺利完成，有效缓解学校教学资源不足的困境，普通高校逐步推行学生合班上课、教师大班授课的教学形式，通常是相同专业的不同班级或不同专业的班级被集中到一个大教室上课，学生人数少则六七十人，多则上百人，有的大班人数甚至超过一百五十人。大班教学已是目前各高校思想政治理论课的主要教学形式。然而，大班教学存在诸多问题，给课堂教学的实效性造成了负面影响。

课堂管理难度大是思想政治理论课大班教学常见的问题。由于上课人数多，教室大，多个班级的学生集中在一起上课，学生没有固定的座位，不便于统计考勤，课堂纪律也不易控制，学生在课堂上聊天、看手机、听音乐的现象时有发生，请假、逃课、旷课的人也不在少数。

大班课堂教学中，由于学生数量多，教学时间有限，师生交流不足，双方关系较为陌生，组织教学活动难度大，课堂讨论难以展开，教学互动相对困难，学生的主观能动性难以充分调动起来。学生水平参差不齐，在专业背景、基础知识和思维方式等方面存在差异，因材施教的难度增大，导致教学的针对性不足。另外，大班授课，教师的体力消耗大，容易疲劳，讲课质量会有所下降。这些问题的存在都在一定程度上影响了教学效果。

此外，由于学生人数太多，学生之间互相干扰程度较大，学生难以集中注意力听课。距离讲台远的学生，不容易看清板书或课件，听不清讲授内容，不想听课，也听不进课。学生听课效果较差，课堂教学的有效性难以得到保证。

（五）学生重视程度不够

课堂教学是教与学的双边活动，教学有效性的实现有赖于教师综合素质的提高，也离不开学生的积极配合。学生作为受教育者，在整个教育活动中具有双重身份，是教育活动要改变或同化巩固的对象，具有"客体"的身份，同时又是教育过程中的主体，具有内在的价值尺度和明确的自我意识，能自我决定在思想政治理论课学习中的投入、参与程度和自觉接受教育的态度。他们对思想政治理论课的认识态度和重视程度是影响这类课程的课堂教学实效性的重要因素。然而，和专业课相比，学生对思想政治理论课的重视程度远远不够，参与教学过程的积极性、主动性和能动性不强，从而降低了课堂教学的实效性。

二、增强思想政治理论课课堂教学实效性的对策

国内外形势的急剧变化给传统的思想政治理论课的课堂教学工作带来巨大的冲击，思想政治教育工作者正面临着提高思想政治理论课课堂教学实效性的巨大挑战。如何全面提高思想政治理论课课堂教学的实效性，使思想政治理论课成为高校学生真心喜爱、终身受益的优秀课程，是每一位思想政治理论课教师必须认真思考的现实课题。

这就要求每一位思想政治理论课教师对时代的发展有清醒的认识，立足于自己的工作实际，结合当代高校学生的思想状况，充分认识制约当前思想政治理论课课堂教学实效性的主要因素，积极探索有针对性的创新对策。

（一）优化教学内容

教学内容是课堂教学过程中最重要的环节，是教师向学生施加影响的主要依据，教学内容直接影响到思想政治理论课课堂教学的吸引力。好的教学内容是提高课堂教学实效的基础，只要内容是高校学生应当听的、想了解的、与社会生活实践密切联系的、对社会生活实践有直接的指导作用的，它的效果就应当是显著的。

1. 略讲或从不同角度解读重复交叉和学生熟悉的内容

高校思想政治理论课程的内容有不少部分与中学课程的内容相似或一致，高校学生也可以通过多种渠道和途径，如电视、报纸、杂志、网络等，了解思想政治理论课教材中涉及的内容。对学生比较熟悉的教学内容，教师在教学中可以适当略讲或从不同角度讲解。

应该从宏观的层面，从史论结合的角度，让学生深刻领会中国人民是如何选择了马克思主义、选择了中国共产党、选择了社会主义道路的。此外，思想政治理论课程

之间的内容有交叉之处，为了避免重复，不同课程的授课教师之间应该加强沟通和交流。如果在同一班级这三门课程的任课教师都对这一内容做详细讲解，就会使学生对重复的教学内容产生乏味、厌倦的心理，也会造成教学时间和精力的浪费。

2. 及时更新教学内容

思想政治理论课必须与国内外形势紧密联系，只有这样，思想政治理论课才具有生命力，这是它不同于其他学科的特点。国内外形势是不断变化的，而教材的出版有一个周期，思想政治理论课的教材具有相对稳定性，这就要求教师跟上时代发展的脚步，不断调整、补充教学内容，使教学内容富有时代精神和时代气息，在教学中及时反映党的最新理论成果，将和谐社会、和谐世界、社会主义核心价值观等内容融合到理论课教学中来，及时传达给学生，让他们体会到马克思主义与时俱进的特点。

国内外出现的新形势和新情况也应及时在教学内容中体现。以"当代"课程为例，这是一门时代感很强的课程，需要将世界经济政治与外交的一些最新变化和新数据，大量新的观点、材料，特别是将国内外最近、最新发生的，高校学生所关注的热点问题及时补充进教学内容中，并引导学生去分析、讨论，才能激发学生的学习兴趣，提高教学效果。

3. 注重理论联系实际

高校思想政治理论课本身就是理论性和现实性并重的课程，因此，课堂教学必须突出思想性和现实针对性，也就是教学内容应当理论联系实际，做到"三贴近"，即贴近实际、贴近生活、贴近学生。要联系国际政治的实际，引导学生对西方资本主义应该始终保持清醒的头脑和高度的警惕，应自觉抵制国际上的反动思想和腐朽生活方式。

要紧贴我国改革开放和社会主义现代化建设事业的实际。教师应该针对当今社会的一些重大现实问题和热点问题以及高校学生关注的疑难问题，采取实事求是的科学态度，灵活运用马克思主义的立场、观点和方法进行有说服力的分析。对事关重大的原则性问题和现实问题，要立场坚定、旗帜鲜明，绝不能含糊。帮助高校学生分清是非、明确方向，引导他们正确看待当前各种纷繁复杂的社会现象和改革开放遇到的困难，指导他们树立正确的世界观、人生观和价值观。同时，要联系高校学生的思想特点、思想状况和心理特点等实际和学习、工作、生活中出现的一些热门问题，诸如住房、医疗、教育、环保等，充分认识社会和国家的发展对高校学生的新要求，使教学内容适应高校学生成长成才的需求。只有这样，学生才会真正感受到教学内容的实在性、亲近性和针对性。

如果教学内容脱离实际、远离生活、疏离学生，就不可能对学生产生吸引力和感染力。要使教学内容真正做到理论联系实际，思想政治理论课教师须"吃透理论"，认真钻研和全面弄懂马克思主义基本理论，并能融会贯通；还要"吃透实际"，了解和掌握社会实际和学生实际，抓住学生的"兴趣点"，才能避免教学内容空洞，使学生不再感到教学内容枯燥无味，并能启发学生的内在觉悟。思想政治教育只有关心人们的实际生活，从解决人们面临的实际问题入手，才能收到解决思想问题的实效，与学生所学的专业相融合。教材是思想政治理论课教学内容的主要外在表现形式，而统一的教材容易带来"一刀切"问题。若无视学生在层次、专业等方面的不同，使用统一的教学内容，就会导致课堂教学缺乏针对性而影响实效性。学生每天接受的最多的是各种专业知识，为了提高课堂教学的实效性，就有必要使教学内容与他们的专业知识结合起来，根据学生的专业选用相关的教学案例，进行有侧重的教学。注重教学内容与学生所学专业相衔接，既能提高学生学习思想政治理论的积极性，又能巩固学生的专业知识和技能，培养学生的职业素质和职业能力。

（二）创新教学方法

教学方法是实现思想政治理论课教育目的的桥梁，是提高思想政治理论课课堂教学质量的关键，是保证思想政治教育方向、动机与结果一律性的纽带。科学的教学方法有利于实现思想政治理论课教学的功能与价值，提高课堂教学活动的实效性。那么，要确保思想政治理论课课堂教学的实效性，就要不断改进和创新教学方法，坚持"以学生为本"的教学理念，想方设法地将学生的注意力吸引到课堂教学中来，充分调动学生参与的积极性和主动性，实现教学互动、师生互动。

（1）改进课堂讲授灌输方法。改进课堂讲授灌输方法，是提高课堂教学效果的有效途径。课堂讲授是课程教学的基本方法，是教师参与课堂教学并突出自身主导地位的重要体现。思想政治理论课教师在课堂上坚持贯彻"精讲""管用"的原则，通过讲述、讲解、讲读、讲演、讲评教学内容等的不同方式，使学生在较短的时间内全面系统地了解知识的具体内容和理论概貌。这种教学方法主要是靠教师来运用和实施的，为达到预期的、具有实效性的教育结果，需要思想政治理论课教师具备一定的角色意识，具备应有的主体素质和能力，充分发挥自身的人格魅力，才能提高该方法的实效性。

马克思指出："如果你想感化别人，那你就必须是一个实际上能鼓舞和推动别人前进的人。"如果教师缺乏角色意识和主体意识，不能利用人格力量调动学生的积极性，该方法的实效性就可能发挥不出来，课堂教学的实效性就没有保障。教师在课堂讲授中要有激情，有真情实感，有责任心。有激情是教师能否讲好课的重要前提，只有教师有激情，学生才会有激情。在课堂讲授过程中，思想政治理论课教师要投入真情实感，重视对学生进行情感渗透，用真心真情换取学生的信任和认可，使学生在情感上与教师产生共鸣，才能激发学生听课的情绪，收到"亲其师，信其道"的效果。教师要有高度的责任心，对学生充满"责任之爱"，消除学生的逆反心理和消极情绪，激发他们的学习兴趣和学习积极性。精彩的讲授，加上激情和真情，以及高度的责任心，才能赋予这种传统的教学方法新的活力，才能实现教师的"良动"。师生的"互动"离不开教师的"良动"，若教师不能很好地"动"起来，学生参与课堂教学的积极性和主动性也难以调动起来，教学互动、师生互动也就难以实现。

（2）构建双向互动的教学模式。综合运用多种教学方法，促进教学互动和师生互动，是对教学方法的创新，也是课堂教学实效性得以发挥的关键所在。思想政治理论课教师要结合教学实际，努力探索能够充分调动学生学习兴趣和热情的教学方法，针对不同类型、不同阶段高校学生的特点以及不同课程，采取课堂讲授、课堂讨论、课堂提问、案例教学等不同方法，避免课堂讲授时间过长以及空洞、单一、硬性的说教，实现教学方法的灵活性和多样性。任何一种教学方法都有其优越性和局限性，教师应针对教学内容，根据教学需要，灵活机动、科学合理地使用各种教学方法，集各种教法之所长，避各种教法之所短。

合理选择适当的教学方法，是为了增强师生之间、学生之间的互动。现代思想政治教育只有加强教育者与受教育者之间的互动，才能充分调动受教育者的积极性，具有吸引力，才能防止形式主义，取得实效。在教学过程中，教是抛砖引玉，是思路、方法的指导，而学是关键。所以，在课堂教学中，应该采用能发挥学生能动性的方式，少点枯燥的灌输，若过于强调教师的讲授，课堂教学就变成了填鸭式的"满堂灌"，即使教师激情飞扬，动之以情，晓之以理，循循善诱，也难以取得很好的教学效果。所以，教师在不断改进课堂讲授灌输方法，充分发扬其优势的同时，应积极探索各种具有实效性和针对性的教学方法，以促进双向互动。

课堂讨论是许多教师经常运用的师生互动手段。针对学生关心的热点问题和对社会现象的困惑，以及在学习过程中遇到的各种疑难问题，在课堂上展开讨论，对于提高学生的学习积极性起到了非常好的作用。这种方法可使学生由被动接受知识变为主动参与教学过程，可最大限度地发挥学生的主观能动性，激发其学习兴趣，也可使学生在讨论中消化理解知识。这种方法较受学生的欢迎，问卷调查的结果显示，85.6%的学生要求开展课堂讨论。在大班教学环境中，短短45分钟的课堂上不可能让大部分学生充分讨论发言，这也就是为什么89.5%的学生要求课堂上讨论的时间为5到15分钟。

课堂提问也是教学过程中促进双向互动的环节。教师要有准备、有意识地创设一系列具有启发性的问题，引导学生的思维，启发学生的灵感，培养学生学习的兴趣和研究问题的能力。提问形式可以多种多样，提出的问题或供全体学生思考，或请个别学生回答，或由师生就容易产生混淆又难以厘清的重难点问题进行探讨。这种方法有助于集中学生学习的注意力，从而调动学生的学习兴趣。

案例教学法，又称情景教学法、情景仿真法，是学生在教师的引导下围绕着教师所提供的案例进行阅读分析、评判和讨论，进而得出结论或解决问题的方案的一种教学方法。这种教学方法能够更好地促进师生之间教与学"双主体"的双向互动，可以克服填鸭式教学的缺陷，发挥学生的主体性、主动性、自主性和积极性，并使学生有身临其境之感。该方法有利于提高学生运用马克思列宁主义、毛泽东思想、邓小平理论、"三个代表"重要思想和科学发展观，以及习近平新时代中国特色社会主义思想等科学理论独立分析和解决实际问题的能力。案例教学法是一种动态的、开放的教学方法，对教师和学生的要求很高。教师应运用具有知识性、时代感、典型性和新颖性的案例，充分研究案例事实，并十分熟悉案例中所蕴含的理论观点。学生则需做好相关资料收集、相关理论知识的复习和预习等准备工作。教师应该多用案例教学的方法，以促进学生知识结构的完善和人文素质的提高。

在思想政治理论课的课堂教学中，教师可视情况采取以上一种、几种或其他教学方法，以活跃课堂气氛，促使学生主动思考、参与教学，培养学生的自主意识和主观能动性，使其有独立感悟、思考和探索的空间；促进师生之间的双向、积极的交流与互动，从而使思想政治理论课课堂教学取得应有的效果。

（三）创设平等、民主的课堂氛围

师生互动是提高思想政治理论课课堂教学实效性的重要手段，是师生之间的沟通和交流，而真正的、真诚的沟通需要民主、平等、和谐的工作机制和教育环境。课堂教学是在一定的环境和氛围中进行的，良好的氛围有利于激发学生的积极性，使其在潜移默化中得到愉快的教学体验，提高对所学知识的掌握程度。因此，要促进师生之间的良性互动，促进高校思想政治教育目标的实现，提高课堂教学的实效性，就必须努力营造良好的教学环境，创设平等、民主的课堂氛围。

（1）平等对待学生。思想政治理论课教师应平等对待学生，不能以知识的拥有者、传授者、灌输者自居，应打破课堂中存在的权力机制，废除教师对学生拥有绝对权威的传统观念，要谦逊地认识到自身作为学习者、研究者、实践者、服务者的角色。罗杰斯曾说："当促进者是一个真实的人，坦诚无疑，同学生建立关系时没有一种装腔作势或者一种假面孔，这个时候，他总是能富有成效的。"教师居高临下的讲解、盛气凌人的态度，以及高压式的教育，不利于师生的平等交流及和谐师生关系的建立。在这种氛围中，学生被动地听课，学习的兴趣难以被激发出来，教学实效性也必然被弱化。

营造平等的课堂氛围，要求教师在课堂教学中平等地对待每一名学生，本着"全员育人、全方位育人、全过程育人"的指导思想，最大限度地面向全体学生，争取学生全员高效地参与教学工作，进行师生互动。教师应公平、合理地向学生分配课堂资源，给予他们公平的表现机会和回答问题的机会，鼓励持不同意见的学生积极发言，公正地对他们做出评价。若不能一视同仁，而是厚此薄彼，课堂教学整体效果将会受到影响。

（2）尊重学生。尊重是沟通交流的基础。教学中，教师要树立以学生为本的理念，遵循高校学生的成长成才规律和教育规律，善于引导，充分尊重高校学生的主体地位和个性需求，融入人文关怀；尊重高校学生的尊严、人格、价值和创造性，与他们真诚地沟通，理解、关心、帮助他们，给予他们信心和鼓励，使他们感受到温暖和希望；不断提高课堂教学的亲和力、说服力，最大限度地发挥学生的主观能动性，充分激发他们的学习积极性和参与课堂教学的热情，努力增强教学的针对性和吸引力。注重高校学生的自尊，给高校学生更多的自由，让高校学生自由地选择教师，以充分调动高校学生参与课堂教学的主动性与积极性。

在思想政治教育过程中，教师应与学生之间建立起平等互动、互相尊重、互相学习的新型关系，通过有效的行动上的交流和积极参与，调动教师实施教育与学生接受教育两个方面的积极性，以收到理想的教育效果。只有尊重学生，才能与学生平等相处、充分交流，及时了解学生的思想实际，进行有针对性的教学，提高思想政治理论课课堂教学的实效性。

（3）发扬民主。课堂教学中，教师教风民主，态度宽容，会使学生更多地体会到教师的尊重，有利于师生关系的和谐和课堂气氛的融洽。即使学生没有充分理解所讲内容，教师也可以选择举例或换个角度等民主方式重新讲授。对于学生的错误言行不能一味地批评和责备，更不能用有损尊严的激烈言辞刺伤学生，应当委婉、恰当地指出，避免产生师生对立的情绪和紧张的师生关系。即使遇到有的学生讲怪话、唱反调，说一些过激的言论，也不要指责，这正是他们自我意识的反映和思想困惑的折射，对此只能采取疏导的方式。问卷调查结果显示，32.3%的学生认为教师"绝不能"在课堂上批评、否定学生；43.7%的学生希望教师在课堂上批评学生要"讲方式"；24%的学生则认为教师批评学生应"看情况"而定。教师应鼓励学生积极思考，发表不同观点和意见，对学生的点滴进步要及时地加以表扬和鼓励。

教师积极和宽容的态度，民主和平等的教学方法，会消除一些学生对思想政治理论课的反感和排斥心理，提高学生学习的兴趣和积极性。轻松、活泼、民主的课堂氛围有利于师生之间思想感情的沟通，使彼此的关系更加和谐、融洽。师生就教学中的问题进行共同探讨、共同研究，有助于锻炼和提高学生的学习能力以及对实际问题的分析能力。

参考文献

[1]（德）马克思，恩格斯. 马克思恩格斯选集 [M]. 中共中央马克思恩格斯列宁斯大林著作编译局，编译. 北京：人民出版社，2012.

[2]（美）詹明信. 晚期资本主义的文化逻辑 [M]. 张旭东，编，陈清侨等，译. 北京：生活·读书·新知三联书店，1997.

[3]（德）霍克海默，阿道尔诺. 启蒙辩证法 [M]. 渠敬东，曹卫东，译. 上海：上海人民出版社，2006.

[4]（英）伊格尔顿. 历史中的政治、哲学、爱欲 [M]. 马海良，译. 北京：中国社会科学出版社，1999.

[5]（英）巴特勒. 解读后现代主义 [M]. 朱刚，秦海花，译. 北京：外语教学与研究出版社，2010.

[6] 陈嘉映. 海德格尔哲学概论 [M]. 北京：生活·读书·新知三联书店，2005.

[7]（美）马克·波斯特. 第二媒介时代 [M]. 范静哗，译. 南京：南京大学出版社，2000.

[8]（加）罗伯特·洛根. 理解新媒介 [M]. 何道宽，译. 上海：复旦大学出版社，2012.

[9]（美）保罗·莱文森. 新媒介 [M]. 何道宽，译. 上海：复旦大学出版社，2011.

[10]（美）保罗·莱文森. 软利器：信息革命的自然历史与未来 [M]. 何道宽，译. 上海：复旦大学出版社，2011.

[11]（美）尼尔·波兹曼. 娱乐至死 [M]. 章艳，吴燕莛，译. 桂林：广西师范大学出版社，2009.

[12]（澳）格雷姆·特纳. 普通人与媒介：民众化转向 [M]. 许静，译. 北京：北京大学出版社，2011.

[13]（加）马歇尔·麦克卢汉. 理解媒介：论人的延伸 [M]. 何道宽，译. 南京：译林出版社，2011.

[14]（荷）约斯·德·穆尔. 赛博空间的奥德赛 [M]. 麦永雄，译. 桂林：广西师范大学出版社，2007.

[15]（美）马克·波斯特 . 信息方式:后结构主义与社会语境 [M]. 范静晔，译 . 北京：商务印书馆，2000.

[16] 王学俭，刘强 . 新媒体与新媒体时代高校思想政治教育 [M]. 北京:人民出版社，2012.

[17] 王虹，刘智 . 新媒体时代高校思想政治教育创新研究 [M]. 北京：中国社会科学出，2012.

[18] 蔡帼芬 . 媒介素养 [M]. 北京：中国传媒大学出版社，2005.

[19] 成长春 . 网络思想教育新论 [M]. 开封：河南大学出版社，2006.

[20] 宫承波 . 新媒体概论 [M]. 北京：中国广播电视出版社，2009.